FODMAP

Impressum

1. Auflage 2019

Conceived and produced by
Elwin Street Productions Limited, 14 Clerkenwell Green London EC1R 0DP
www.elwinstreet.com

Hinweis

Das vorliegende Buch ist sorgfältig erarbeitet worden. Dennoch erfolgen alle Angaben ohne Gewähr. Weder Autorin noch Verlag können für eventuelle Nachteile oder Schäden, die aus den im Buch gegebenen Hinweisen resultieren, eine Haftung übernehmen.

Sollte diese Publikation Links auf Webseiten Dritter enthalten, so übernehmen wir für deren Inhalte keine Haftung, da wir uns diese nicht zu eigen machen, sondern lediglich auf deren Stand zum Zeitpunkt der Erstveröffentlichung verweisen.

Redaktionsleitung: Dr. Harald Kämmerer
Projektleitung: Eva M. Salzgeber
Übersetzung: Linde Wiesner, München
Producing & Satz: Dr. Alex Klubertanz, Garmisch-Partenkirchen
Korrektorat: Christine E. Gangl, München
Umschlaggestaltung: OH, JA!, München

Originaltitel: Calm Belly Cookbook
First published in Great Britain in 2018 by Modern Books
An imprint of Elwin Street Productions Limited
Fotos von Christin Eide, außer Alamy Stock Photo: 19; Shutterstock: 3, 4, 5, 9, 10, 18, 21, 22, 25, 28, 30, 32, 35, 37, 38, 40, 42, 44, 46, 48, 49, 50, 53, 54, 56, 58, 60, 63, 65, 66, 68, 70, 73, 74, 76, 78, 80, 82, 83, 84, 87, 88, 90, 92, 94, 97, 98, 100, 106, 111, 114, 116, 119, 124, 126, 132, 134, 136, 138, 139, 140, 142, 144, 150, 152, 153, 154, 158, 160, 162, 163, 164, 165, 171, 172.

ISBN 978-3-517-09741-1
www.suedwest-verlag.de

Cecilie Hauge Ågotnes

FODMAP

BESCHWERDEFREI GENIESSEN BEI REIZDARM

INHALT

CECILIES GESCHICHTE

Probleme mit dem Bauch hatte ich schon immer, und vor zehn Jahren bekam ich nach einer eingehenden Untersuchung durch einen Spezialisten die Diagnose Reizdarmsyndrom. Damals war ich erleichtert, dass ich nichts Ernsthafteres hatte, aber ab Herbst 2013 ging es mir nach und nach immer schlechter, und im Dezember desselben Jahres konnte ich gar nichts mehr essen, ohne fürchterliche Bauchkrämpfe und Durchfall zu bekommen. Ich nahm innerhalb weniger Wochen sechs Kilogramm ab, und in schierer Verzweiflung beschloss ich, die Low-FODMAP-Diät auszuprobieren, die Dr. Sue Shepherd an der australischen Monash University entwickelt hatte. Heute wird die Diät von Magen-Darm-Spezialisten in vielen Ländern – darunter meine Heimat Norwegen – empfohlen.

Das Reizdarmsyndrom (RDS) ist die weltweit häufigste Darmerkrankung und betrifft rund 15 Prozent der Bevölkerung. Aber nur etwa 30 Prozent der Erkrankten wissen genau, woran sie leiden. Viele leben einfach mit unklaren Magen-Darm-Problemen, die ein Reizdarmsyndrom sein können oder auch nicht. So oder so beruhigt eine Low-FODMAP-Ernährung Ihren Bauch, indem sie Nahrungsmittel, die den Darm reizen können, reduziert. Da ich weder Ärztin noch zugelassene Ernährungsberaterin bin, beschreibe ich die Diät nur allgemein; jeder muss selbst auf seinen Körper hören und die Diät daran anpassen.

Ich habe viel darüber gelernt, was ich essen bzw. vermeiden sollte, aber es war nicht leicht, Rezepte zu finden, die mich mein Essen wieder genießen ließen. Weil ich immer gern gekocht hatte, nahm ich meine neue Ernährungsweise als Herausforderung an und begann, mit Low-FODMAP-Lebensmitteln zu experimentieren.

Die Rezepte in diesem Buch entstanden durch Versuch und Irrtum, nach vielen langweiligen und ein paar wirklich ungenießbaren Gerichten. Glücklicherweise bin ich stur wie ein Esel, und heute genießt meine Familie jeden Tag meine gesunde und köstliche Low-FODMAP-Küche. Irgendwann erkannte ich, dass auch andere Leute Rezepte für einfache Dinge wie Saucen und Desserts wollten. Deshalb rief ich meinen Blog www.lowfodmapblog.com ins Leben.

Das Feedback ist unglaublich positiv, und ich teile hier gern meine Lieblingsrezepte mit Ihnen. Viele sagen, sie mögen meine Art, wie ich meine Erfahrungen weitergebe, sowohl über meine Diät als auch über das Reizdarmsyndrom. Ob dies nun bei Ihnen diagnostiziert wurde oder Sie einfach einen trägen Darm haben: Meine erprobten Rezepte sollen Ihren Bauch beruhigen. Genießen Sie sie!

FODMAP: EINE EINFÜHRUNG

WAS IST DAS REIZDARMSYNDROM?

Das Reizdarmsyndrom (RDS) ist ein Oberbegriff für Beschwerden in Magen und Darm, die nicht auf eine andere Krankheit zurückzuführen sind. Sie sind die häufigsten Probleme, die Menschen mit ihrem Verdauungssystem haben, und schätzungsweise sind 10 bis 20 Prozent der Weltbevölkerung vom RDS betroffen. Die Krankheit ist lästig, aber nicht gefährlich. Die gängigsten Symptome sind:

- Blähungen und Bauchschmerzen, die nach dem Stuhlgang oder Gasentweichung verschwinden
- Darmgase, Magenknurren und Völlegefühl
- Durchfall oder plötzlicher Stuhldrang
- Verstopfung
- schleimiger Stuhl
- unvollständige Darmentleerung

Das RDS plagt viele von uns unterschiedlich stark, aber die Ursachen der Symptome sind häufig schwer zu finden. Falls Sie regelmäßig unter einem oder mehreren der genannten Symptome leiden und bei Ihnen keine andere Erkrankung diagnostiziert wurde, leiden Sie wahrscheinlich an RDS.

Derzeit ist RDS zwar nicht heilbar, es ist aber gut dokumentiert, dass eine der Hauptursachen unverdaute Kohlenhydrate sein können. Symptome wie die oben aufgeführten treten auf, wenn unverdaute Kohlenhydrate den Dickdarm passieren. In kleinen Mengen können wir sie gut bewältigen, wenn sie aber zu viele werden, können Probleme auftreten, die individuell unterschiedlich wahrgenommen werden. Das Beste, was Sie tun können, ist zu lernen, mit der Krankheit zu leben und Ihren Lebensstil und Ihre Ernährung so anzupassen, dass die Symptome gelindert werden.

PSYCHISCH ODER PHYSISCH?

Obwohl RDS eine der häufigsten Magen-Darm-Erkrankungen ist, wissen wir nicht genau, wodurch es verursacht wird. Man ging lange davon aus, dass es eine psychosomatische Krankheit sei, dass sich also ein psychisches Problem in einer physischen Auswirkung auf den Körper äußert. Tatsächlich belegen zahlreiche

Studien, dass Menschen mit RDS häufig auch mit Problemen wie Ängsten oder Depressionen sowie unklaren Symptomen wie Müdigkeit und Gelenkschmerzen zu kämpfen haben.

Doch laut Professor Trygve Hausken, der an der Haukeland-Universitätsklinik in Bergen über RDS forscht, ist RDS eine rein physische Krankheit, und viele Menschen entwickeln erst in der Folge ihrer Magen-Darm-Probleme auch psychische Störungen.

Frauen sind von RDS viel häufiger betroffen als Männer. Der Rat aus dem medizinischen Lager lautet für gewöhnlich: »Entspannen Sie sich, versuchen Sie, ein normales Leben zu führen, und ernähren Sie sich gesund!« Doch nicht alle RDS-Patienten fühlen sich gleich schlecht, und die Symptome variieren individuell beträchtlich. An einem Ende des Spektrums sind jene, die sich selbst gar nicht als krank beschreiben, nur hie und da Symptome verspüren und sich nichts daraus machen, dass ihr Bauch zuweilen ein Eigenleben führt. Am anderen Ende sind die Menschen, die 15- bis 20-mal am Tag – oder aber zwei Wochen lang gar nicht – zur Toilette müssen. Manche werden täglich von Übelkeit geplagt und fühlen sich ständig unwohl. Viele von ihnen haben auch andere Erkrankungen wie etwa Myalgische Enzephalomyelitis, Fibromyalgie oder chronische Migräne.

Die meisten von uns hatten wohl schon Durchfall und Blähungen, ohne sich krank zu fühlen. Darmgase sind jedoch schmerzhaft und lästig, und es ist unangenehm, wenn man immer mal wieder Gas entweichen lassen muss. Es hat durchaus einen Grund, dass Babys bei Koliken stundenlang weinen!

Sehr viele Menschen fühlen sich mit ihren Bauchproblemen alleingelassen. Kaum jemand spricht über seine Verdauung, und viele Frauen finden es peinlich, einen aufgeblähten Bauch zu haben und schwanger auszusehen, wenn sie es nicht sind. Es ist lästig, wenn Ihr Bauch sich anhört, als übte darin ein winziges Orchester, und Sie plötzlich zum WC rennen müssen. Darüber hinaus empfinden viele die Untersuchungen, die ihnen möglicherweise bei einem Arztbesuch drohen, als erniedrigend. Wie die meisten Menschen, die sich als chronisch krank erleben, plagen sie auch Ängste vor der Zukunft. Sie befürchten beispielsweise, niemals einen Partner zu finden. Und jene, die einen Partner haben, haben Angst, ihn zu verlieren. Es nützt nichts, sich über solche Dinge Sorgen zu machen, aber es ist schwer, damit aufzuhören!

Unglücklicherweise isolieren sich RDS-Patienten häufig selbst. Durchfälle oder Darmgase können das Zusammensein mit anderen anstrengend machen. Niemand möchte unter Leuten sein, wenn er ständig zur Toilette muss, stimmt's? Bauchschmerzen sind unangenehm, und wenn

Ihr Bauch aufgebläht und schmerzempfindlich ist, ist es schwer, Kleidung zu finden, die passt.

Wenn Ihnen das bekannt vorkommt: Sie sind damit nicht allein! Ich empfehle Ihnen dringend, sich Hilfe und Ratschläge zu holen, entweder von einem guten Freund, einem Psychologen oder – wenn Sie einfach jemanden zum Reden brauchen – in einem der vielen Online-Foren. Auf Facebook gibt es geschlossene Gruppen (nur Mitglieder sehen dort, was Sie posten), und für viele bedeutet es eine große Hilfe, wenn sie sich mit anderen Betroffenen unterhalten können. In diesen Foren finden Sie Menschen, die sich seit Langem nach der Low-FODMAP-Diät ernähren. Sie können Fragen zur Diät stellen und um Tipps bitten, sich aber auch über RDS-Medikamente, ärztliche Untersuchungen und über die Erkrankung allgemein austauschen. Für viele Patienten ist es schlicht erleichternd zu wissen, dass sie nicht allein sind! Solche Foren sollten aber nicht Ihre einzige Informationsquelle sein, sondern nur zusätzlich zu Empfehlungen von Medizinern genutzt werden.

WAS HEISST FODMAP?

FODMAP steht für »Fermentable Oligosaccharides, Disaccharides, Monosaccharides And Polyols« (vergärbare Mehrfach-, Zweifach- und Einfachzucker und mehrwertige Alkohole) und ist der Oberbegriff für schwer verdauliche Kohlenhydrate. Ihre Gemeinsamkeit besteht darin, dass der Dünndarm sie nicht aufbrechen und vollständig absorbieren kann, sodass ein beträchtlicher Teil in den Dickdarm gelangt. Dort absorbieren die unverdauten Kohlenhydrate Flüssigkeit und lösen eine Fermentation aus. Diese Gärung sorgt für Probleme mit Gasbildung, Blähungen, Durchfall und/oder Verstopfung. Zu einem gewissen Grad passiert das in uns allen, doch Menschen mit RDS reagieren viel empfindlicher auf dieses Gas und fühlen sich unbehaglich, wenn es sich im Verdauungstrakt ausdehnt.

1999 entwickelte Dr. Sue Shepherd an der Monash University in Australien die Low-FODMAP-Diät. Die Forscher glaubten, dass eine Ernährung mit weniger komplexen Kohlenhydraten RDS-Patienten helfen könnte. Im April 2013 veröffentlichten Shepherd und ihre Kollegen die Ergebnisse einer systematischen Untersuchung aller Studien zur Low-FODMAP-Diät. Sie stellten fest, dass viele Daten auf eine klare Verbindung zwischen Nahrungsmitteln und RDS-Symptomen hinwiesen und dass eine an komplexen Kohlenhydraten arme Ernährung bei den meisten Patienten die Symptome lindern kann. Laut den Forschern fühlen sich 70 Prozent der RDS-Patienten bei einer Low-FODMAP-Diät besser. Auf Seite 14 finden Sie eine Liste mit FODMAP-armen sowie FODMAP-reichen Nahrungsmittelgruppen. Sie kann Ihnen helfen, die Dinge zu erkennen, die Ihre Probleme verursachen könnten.

WEIZENMEHL UND GLUTEN

Weil das Monash-Programm eine glutenfreie Ernährung empfiehlt, denken viele Menschen, dass Gluten reich an FODMAP sei. Das ist aber nicht der Fall. Gluten ist ein Protein, und FODMAP sind, wie bereits erklärt, Kohlenhydrate. In Weizen- und anderen glutenhaltigen Mehlen sind es tatsächlich die Fructane, die reich an FODMAP sind. Glutenfrei wird deshalb empfohlen, weil genau die Mehle, die Gluten enthalten, auch Fructane enthalten: Es ist leichter, sich an eine glutenfreie Ernährung zu halten als an eine »fructanfreie«.

Wenn Sie nicht gerade an Zöliakie leiden, wirkt sich eine geringe Menge an Weizen, beispielsweise in Saucen, wahrscheinlich nicht negativ aus. Weizen enthält nur wenige Fructane und verursacht in kleinen Mengen im Allgemeinen kaum Schäden. Eine Scheibe Brot etwa wird auf der Monash-App als FODMAP-arm gelistet.

Das Problem ist jedoch, dass viele Menschen jeden Tag eine gewaltige Menge an Weizen verspeisen, zum Beispiel eine Scheibe Brot zum Frühstück, Nudeln zum Abendessen und zwischendurch immer mal wieder Brot als Snack. So füllt sich der FODMAP-Korb schneller, als einem lieb sein kann!

Hafer

Viele schwören auf glutenfreie Haferflocken. Es ist jedoch völlig unnötig, auf glutenfreie Haferflocken zurückzugreifen, solange Sie nicht an Zöliakie leiden. Hafer enthält kaum Fructane, und genau darauf müssen Sie bei der FODMAP-Diät achten. Laut Monash-App gilt ½ Cup (45 Gramm) Haferflocken als low-FODMAP.

Dinkel

Dinkel enhält weniger Fructane als Weizen, ist aber nicht völlig fructanfrei. Manche Menschen vertragen Dinkel besser als Weizen, probieren Sie es einfach aus. Ich selbst habe in der Ausscheidungsphase keinen Dinkel gegessen, später aber durchaus.

Anmerkung: Ein Sauerteig-Dinkelbrot ist die beste Option, weil die Fermentierung die Fructane aufspaltet..

EINE PRAKTISCHE ANNÄHERUNG

Ich begann im Dezember 2013 mit der Low-FODMAP-Diät. In den ersten Wochen wurden meine Symptome immer schlimmer, und ich war kurz davor aufzugeben. Zum Glück fand ich zufällig heraus, dass ich Maismehl nicht vertrug, obwohl es FODMAP-arm ist. Ich experimentierte mit zwei Arten von Keksen: einer mit und einer ohne Maismehl. An den Tagen, an denen ich Kekse mit Maismehl aß, fühlte ich mich schlechter, an den Tagen mit maismehlfreien Keksen ging es meinem Bauch viel besser.

Hatte ich erst mal erkannt, dass Maismehl einer meiner ärgsten Feinde war, erholte sich mein Bauch nach und nach. Ich hatte weniger Durchfall und weniger Blähungen. Wenn Sie mit einer Low-FODMAP-Diät anfangen wollen, müssen Sie daran denken, dass es nicht die eine, richtige Methode für alle gibt. Wir reagieren alle unterschiedlich, und Sie müssen herausfinden, was Ihr Bauch mag und was nicht und was in Ihren Ernährungsplan passt. Für manche ist es nützlich, wenn sie von einem Ernährungsberater begleitet werden, der über die Diät Bescheid weiß, anderen fällt es allein leicht. Es hängt von Ihren Problemen ab. Manche fühlen sich schon deutlich besser, wenn sie nur ein paar FODMAP-Nahrungsmittel reduzieren, andere müssen sich an eine strengere Diät halten.

Der Verzehr von FODMAP-Lebensmitteln hat einen kumulativen Effekt: Ich stelle mir die Empfindlichkeit gegen FODMAP-Produkte wie das Füllen eines Korbs vor, der mit jedem Essen voller wird. Ist er gefüllt, fühlen Sie sich schrecklich. Wenn Sie nur wenig Weizenmehl am Tag verspeisen, geht es Ihnen vielleicht gut. Essen Sie an einem anderen Tag etwas Weizenmehl und trinken Milch, geht es Ihnen eventuell auch noch gut. Wenn Sie dann aber ein paar Apfelscheiben dazu verzehren, fühlen Sie sich vielleicht richtig krank. Ob Sie nun auf das Weizenmehl, die Milch oder die Apfelscheiben reagieren, ist schwer zu sagen. Es könnte zu viel FODMAP in der Summe oder auch nur eines der Lebensmittel gewesen sein.

Wie gesagt: Bei der Diät geht es darum, Nahrungsmittel mit hohem FODMAP-Gehalt zu reduzieren oder ganz zu meiden. Ich aß anfangs ausschließlich »sichere« Dinge, also Low-FODMAP-Lebensmittel, von denen ich wusste, dass ich sie vertrage. Bei mir (und vielen anderen) sind dies unbehandeltes Fleisch, Fisch, Hähnchen, Reis, Kartoffeln und Eier. Viele können auch glutenfreie Mehlmischungen essen. Diese enthalten jedoch mehrere Mehlarten, und wenn Sie wochenlang die strikte Diät befolgt haben und noch immer Bauchschmerzen und Durchfall haben, können diese es erschweren, den tatsächlichen Verursacher herauszufinden. Wie erwähnt: Einer meiner größten Feinde war Maismehl, obwohl es FODMAP-arm ist.

Nach fünf bis sechs Wochen, als ich mich schon recht gut fühlte, führte ich nach und nach wieder andere Lebensmittel ein. Ich weiß, dass Sue Shepherd eine Liste erstellt hat, wie man dabei vorgehen sollte (siehe Kasten unten), aber ich wollte mit etwas anfangen, das ich vorher am meisten vermisst hatte, also begann ich mit Zwiebeln und Knoblauch. Viele vermissen Weizenmehl am meisten und fangen damit an, ehe sie zu Nahrungsmitteln derselben Gruppe (Fructane) übergehen, beispielsweise zu Zwiebeln und Knoblauch. Da einige Lebensmittel mehrere Arten von FODMAP enthalten (Äpfel etwa haben sowohl Fructose als auch Polyole), ist es keine gute Idee, mit diesen zu beginnen. Und essen Sie anfangs keine großen Mengen eines bestimmten Nahrungsmittels, sondern steigern Sie die Portionen nach und nach. Beginnen Sie bei Weißbrot beispielsweise mit täglich einer viertel Scheibe über mehrere Tage. Falls Sie keine Reaktion verspüren, erhöhen Sie auf eine halbe Scheibe am Tag. So können Sie im Lauf der Zeit schließlich zwei Scheiben täglich verzehren.

An den Tagen, an denen ich Lebensmittel wieder einführte, aß ich sonst nur Sachen, die ich nachweislich gut vertrug, also keine zwei »unsicheren« Dinge am selben Tag. Sonst hätte ich nicht sagen können, was eventuell auftretende Probleme verursacht hatte.

Die Wiedereinführung von Speisen kann zeitaufwendig sein. Aber für Bauchschmerzen haben Sie niemals Zeit oder Lust! Ich weiß, dass viele neue Lebensmittel einführen, wenn sie nichts Wichtiges vorhaben. Das versuche ich auch. Ab und zu gebe ich auch der Versuchung nach, etwas zu essen, von dem ich weiß, dass es mir schadet. Das mache ich aber nur, wenn ich am nächsten Tag nichts vorhabe, damit ich zu Hause bleiben kann, falls ich mich besonders schlecht fühle.

WIEDEREINFÜHRUNG VON NAHRUNGSMITTELN

Dr. Sue Shepherd, Begründerin der Low-FODMAP-Diät, empfiehlt eine bestimmte Reihenfolge für die Wiedereinführung von Speisen. Ihre Begründung: Viele Nahrungsmittel enthalten mehr als ein FODMAP, und durch das Ausprobieren in dieser Reihenfolge kann man Fehlinterpretationen vermeiden.

REIHENFOLGE BEIM AUSPROBIEREN VON LEBENSMITTELN:

Polyole wie Pilze, Blumenkohl, künstliche Süßstoffe

Lactose (Disaccharide) wie Milch, Joghurt, Weichkäse, Ziegenkäse

Fructose (Monosaccharide) wie Mango, Honig, frische Feigen

Fructane (Oligosaccharide): Getreide wie Weizen, Roggen, Gerste sowie Zwiebeln, Knoblauch

Galactane (Oligosaccharide) wie Bohnen, Linsen, Erbsen

»The Complete Low FODMAP Diet: The Revolutionary Plan for Managing IBS and Other Digestive Disorders« – Dr. Sue Shepherd, PhD, und Dr. Peter Gibson, MD

FODMAP IN DEN GÄNGIGSTEN LEBENSMITTELN

Lebensmittel-gruppe	FODMAP-arm (kann verzehrt werden)	FODMAP (sollte reduziert werden)
Obst	Blaubeeren, Trauben, Kiwis, Zitrusfrüchte, Himbeeren, Erdbeeren, unreife Bananen	Äpfel, Birnen, Mangos, Dosenobst, Wassermelonen; Trockenfrüchte; Obstsäfte
Gemüse	Karotten, Sellerie, grüne Salate, Spinat, Oliven, Kartoffeln	Spargel, Brokkoli, Rosenkohl, Bohnen, Hülsenfrüchte, Kohl, Fenchel, Knoblauch, Zwiebeln, Avocados
Getreide/ Cerealien	Reis, Hafer, Polenta, Maisstärke, Buchweizen, Quinoa; glutenfreies Brot, Nudeln, Cerealienprodukte	Roggen, Gerste, Weizen
Milchprodukte	Lactosefreie Milch, lactosefreier Joghurt, lactosefreie Sahne und saure Sahne; Reismilch; weißer Hartkäse, Schimmelkäse (Brie, Camembert etc.); lactosefreie Eiscreme, Eiscreme auf Reisbasis	Milch, Eiscreme, Sahne, saure Sahne, Ziegenkäse, Frischkäse, weicher weißer Käse
Süßungsmittel	Zucker, Glucose, Sirup; alle Süßstoffe, die nicht auf -ol enden, z. B. Aspartam	Sorbitol, Mannitol, Isomalt, Maltitol, Xylitol, Honig

Anmerkung: Fleisch, Fisch, Eier und Fette/Öle enthalten keine FODMAP.

Inulin und FOS (Fructooligosaccharide)/Probiotika sind wasserlösliche Ballaststoffe, die allgemein gut für den Magen, aber dennoch reich an FODMAP sind, und viele Menschen reagieren darauf. Sie sind in Produkten enthalten, bei denen der Ballaststoffgehalt erhöht wird, etwa Fruchtjoghurt oder glutenfreie Produkte. FOS oder Inulin werden oft auch probiotischen (mit Milchsäurebakterien angereicherten) Produkten und nahrhaften Getränken zugefügt.

LOW-FODMAP-NAHRUNGSMITTEL

Viele Menschen merken, dass sie unterschiedlichste Speisen vertragen, etwa mehr Ballaststoffe als ich, während andere noch vorsichtiger sein müssen. Die Rezepte in diesem Buch sind auf einen empfindlichen Magen abgestimmt, wenn Sie aber grob geschrotetes Mehl und Gemüse vertragen, können Sie natürlich das Mehl teilweise durch Vollkornmehl ersetzen und mehr Gemüse hinzufügen.

MEHL

Viele Menschen mit RDS reagieren auf Ballaststoffe. Auch ich bekomme schon von der kleinsten Menge davon Durchfall, weshalb ich glutenfreie Vollkornmehle meide und feines Mehl bevorzuge. Low-FODMAP sind fertige glutenfreie Mischungen, Kartoffel-, Reis- und Maismehl, Maisstärke, Sorghum sowie Hirse-, Buchweizen- und Quinoamehl. Backpulver und -natron sind ebenfalls sicher.

GEMÜSE

Low-FODMAP sind Spinat, Tomaten, Karotten, Gurken, Paprikaschoten, der grüne Teil von Frühlingszwiebeln, Schnittlauch und Grünkohl. Viele fragen sich, warum Gemüse wie Rotkohl, Brokkoli und Steckrüben ebenfalls als FODMAP-arm bezeichnet werden. Bedenken Sie: Viele Sorten werden erst ab einer bestimmten Menge FODMAP-reich. Auch sollte man nicht zu viele verschiedene Sorten gleichzeitig essen, weil man damit schnell ans FODMAP-Limit gelangt. Da Ballaststoffe problematisch sein können, ist es möglich, dass Sie auf bestimmte Sorten reagieren, obwohl sie als low-FODMAP gelten.

FRÜCHTE UND BEEREN

Low-FODMAP sind zum Beispiel Cantaloupe-Melonen, Weintrauben, Orangen, Kiwis, Ananas, Erd-, Blau- und Himbeeren sowie unreife Bananen. Hier gilt dieselbe Regel wie für Gemüse: Eine kleine Menge ist normalerweise in Ordnung, es gibt aber eine Obergrenze, denn viele Früchte, auch Low-FODMAP-Sorten, enthalten Fructose. Um Ihr persönliches Limit herauszufinden, müssen Sie sich einfach durchprobieren. Ich rate Ihnen beispielsweise, nicht mehrere Orangen, Kiwis, Ananasscheiben und Erdbeeren an einem Tag zu essen. Das könnte in einer Katastrophe enden, nicht nur für RDS-Betroffene. Ballaststoffe in Früchten können einen empfindlichen Darm ebenfalls reizen.

MILCHPRODUKTE

Low-FODMAP sind alle lactosefreien Milchprodukte sowie Hart- und Hüttenkäse, die von Natur aus wenig Lactose enthalten. Auch Streichkäse gibt es in lactosearmen Versionen. Die meisten Menschen, auch jene mit Lactoseintoleranz, werden mit kleinen Mengen Lactose fertig. Butter enthält sehr wenig Lactose und wird von den meisten gut vertragen. Da ich ein Fan von Produkten bin, die die meisten Supermärkte führen, kaufe ich keine teure lactosefreie Butter. Ich komme mit normaler gut klar, obwohl ein Bluttest ergab, dass ich lactoseintolerant bin.

SÜSSUNGSMITTEL

Low-FODMAP sind Zucker, Maissirup, Aspartam und Stevia, nicht aber Honig oder fructosereicher Maissirup. Über Saccharin (oder Erythritol) wird viel diskutiert: Einige meinen, es könne verwendet werden (weil die Moleküle kleiner als in anderen Zuckern und Alkoholen sind und deshalb so gut wie keine Kohlenhydrate enthalten), andere bestreiten das. Da Saccharin also offenbar grenzwertig ist, würde ich es erst in der Wiedereinführungsphase probieren.

Viele glauben, dass Zucker reich an FODMAP sei, er ist es aber nicht. Zucker besteht teils aus Glucose und teils aus Fructose, und die meisten Menschen vertragen Zucker gut, wenngleich in mäßigen Mengen. Sie müssen das selbst ausprobieren, da die einen Zucker vertragen, die anderen nicht. Wollen Sie Zucker vermeiden, ersetzen Sie ihn durch einen Süßstoff wie Stevia. Ich vertrage Zucker recht gut und habe daher kaum Erfahrung im Kochen mit Stevia. Im Geschmack ist es normalem Zucker ziemlich ähnlich, aber es kann kompliziert sein, in Rezepten Zucker durch Stevia zu ersetzen, weil es sehr viel süßer ist. Im Internet, in Büchern und auf den Stevia-Packungen finden Sie Rezepte und Tipps.

Anmerkung: Glucose unterstützt den Abbau von Fructose. Wenn etwas also mehr Glucose als Fructose enthält, ist es low-FODMAP. Lebensmittel mit Glucose-Fructose-Sirup können deshalb auch gut vertragen werden.

KRÄUTER UND GEWÜRZE

Frische wie getrocknete Kräuter sind low-FODMAP. Da wir Zwiebeln und Knoblauch meiden müssen, empfehle ich, mit reichlich Kräutern zu würzen. Cayennepfeffer und Ingwer sind sehr gute Alternativen zu Knoblauch. Auch wenn sie nicht denselben Geschmack liefern, sorgen sie doch für einen kulinarischen Kick. Beachten Sie aber, dass manche Menschen auf scharfe Gewürze wie Chili und Cayennepfeffer empfindlich reagieren. Machen Sie Ihr Essen nicht zu scharf, wenn Sie wissen, dass es Ihre Verdauung irritiert. Seien Sie vorsichtig mit fertigen Gewürzmischungen und allen auf dem Etikett pauschal als »Gewürz« aufgeführten Zutaten – sie enthalten häufig Zwiebeln und/oder Knoblauch.

FLEISCH, FISCH UND EIER

Diese Nahrungsmittel sind Proteine, das heißt, Sie können sie uneingeschränkt zu sich nehmen. Achten Sie aber darauf, dass Fleisch und Fisch nicht in Zwiebeln oder Knoblauch eingelegt sind und dass Produkte wie Fischfrikadellen, Würste und Buletten frei von Zwiebeln, Knoblauch, Milchprodukten und Weizen sind.

GETRÄNKE

Low-FODMAP sind zum Beispiel Wasser, lactosefreie Milchprodukte, Filterkaffee, Fruchtsäfte und Getränke, die keine High-FODMAP-Früchte und/oder Süßstoffe mit der Endung »-ol« (siehe Tabelle Seite 14) enthalten. Kaffee ist zwar low-FODMAP, kann aber bei manchen Menschen Reaktionen hervorrufen. Alkohol ist zumeist low-FODMAP, Vorsicht ist jedoch bei süßen Drinks wie Sherry oder Portwein angebracht sowie bei kohlensäurehaltigen Mixgetränken – sie können Fructose enthalten, auf die viele empfindlich reagieren.

UMSTRITTENE NAHRUNGSMITTEL

Über manche Produkte herrscht Uneinigkeit: Laut Monash ist z. B. Dinkel nur low-FODMAP, wenn er zu Sauerteig verarbeitet ist, nach anderen Informationsquellen ist er immer low-FODMAP. Monash sagt das eine, Ernährungsberater etwas anderes, und viele Websites vertreten ihre ganz eigene Meinung. Ich vertraue Monash am meisten, weil sie die Nahrungsmittel im eigenen Labor testen. Habe ich Zweifel, ob ich ein Produkt vertrage oder nicht, probiere ich es in kleinen Mengen, um zu sehen, wie mein Magen darauf reagiert.

ZWIEBELN UND KNOBLAUCH

Zwiebeln und Knoblauch gehören zu den »schlimmsten Übeltätern«, und sogar gesunde Menschen ohne Magen-Darm-Probleme oder RDS reagieren empfindlich darauf. Den grünen Teil von Frühlingszwiebeln dürfen Sie essen, weil die Fructane sich ausschließlich in den weißen Teilen befinden. Der grüne Teil von Frühlingszwiebeln wie auch Schnittlauch sind gute Würzzutaten, wenn Sie Zwiebeln und Knoblauch nicht vertragen. Manch einer reagiert aber auch auf Frühlingszwiebelgrün – es hängt einfach davon ab, wie empfindlich man ist. Es bietet sich deshalb an, erst einmal kleine Mengen zu probieren.

Da die Fructane im Knoblauch wasserlöslich sind, kann mit Knoblauch aromatisiertes Öl verwendet werden. Sie können es entweder fertig kaufen (das Problem ist jedoch, dass Sie bezüglich der Qualität oft nicht sicher sein können) oder es selbst herstellen: Knoblauchzehen klein hacken und im Öl bei mittlerer Hitze 4–5 Minuten anschwitzen. Den Knoblauch herausnehmen und wegwerfen und das Öl für Salate oder zum Braten verwenden. So landen die Fructane nicht im Öl, der Knoblauch trägt nur sein Aroma bei.

Anmerkung: Das Öl muss sofort verwendet und sollte nicht gelagert werden, da sich sonst Bakterien bilden und zu schweren Lebensmittelvergiftungen führen können. Am sichersten ist es, das Knoblauchöl in kleinen Mengen herzustellen, kurz bevor Sie es verwenden wollen.

GRUNDNAHRUNGSMITTEL

Hier einige Lebensmittel, die ich immer im Haus habe und häufig verwende:

- lactosefreie Milch
- lactosefreie Sahne
- lactosefreie saure Sahne
- Butter
- Eier
- Karotten
- Frühlingszwiebeln
- Kartoffeln
- Reis
- Reisnudeln
- Oliven-, Maiskeim-, Sonnenblumenöl
- Salz
- Pfeffer
- Chili
- Cayennepfeffer

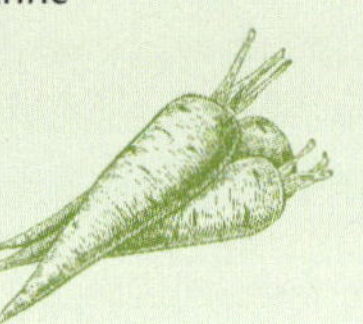

- getrocknete und frische Kräuter
- Balsamicoessig
- Ketchup ohne Zwiebeln und Knoblauch
- Sojasauce
- Dosentomaten
- Reismehl
- glutenfreie Mehlmischung
- Kartoffelmehl
- Maismehl
- Schokolade und Kuvertüre (70 % Kakao, lactosefrei)
- Kartoffelchips mit Salz (ohne Zwiebel)
- glutenfreie Salzbrezel (für die Handtasche)

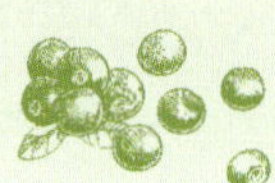

VERSTECKTE GEFAHREN

- Fertigprodukte können Zwiebel- oder Knoblauchpulver, Weizenmehl und Lactose enthalten.
- Glutenfreie Mehlmischungen können Erbsenmehl oder Apfel-Ballaststoffe enthalten.
- Schinken und Wurst können Zwiebeln und Zwiebelpulver enthalten.
- Marmeladen und Gelees können Süßstoffe mit der Endung »-ol« enthalten.
- Süßigkeiten können künstliche Süßstoffe mit der Endung »-ol« enthalten (auch wenn sie als zuckerfrei deklariert sind).
- Zutatenlisten immer auf Süßstoffe/Zuckeralkohole, die auf »-ol« enden und Polyole sind, prüfen: Sorbitol, Xylitol, Maltitol, Mannitol.

DIE HÄUFIGSTEN FRAGEN

WIE SCHNELL ZEIGT DIE DIÄT WIRKUNG?

Mir selbst ging es mit der Low-FOTMAP-Diät bald besser. Die Blähungen verschwanden relativ schnell, schon nach zwei oder drei Tagen spürte ich eine Verbesserung. Durchfall und weicher Stuhl wurden bei mir nach fünf bis sechs Wochen strikter Low-FOTMAP-Diät besser, bei manchen Menschen geht aber auch das schneller. Bei Verstopfung können die Resultate unterschiedlich ausfallen. Die meisten Menschen, die ich kenne, werden mit der Diät ihre Probleme mit Darmgasen los, egal ob sie unter Durchfall oder Verstopfung leiden.

Wenn Sie an RDS leiden, rate ich Ihnen dringend, die Diät mindestens fünf bis sechs Wochen durchzuhalten. Es kann sinnvoll sein, einen Ernährungsberater zu Hilfe zu holen; doch die meisten Leute, die ich kenne und die die Diät machten, haben darüber in Büchern oder im Internet gelesen, die Monash-University-App heruntergeladen und es auf eigene Faust probiert. Studien belegen, dass die Diät 60 bis 70 Prozent der RDS-Patienten hilft, und laut meinem Arzt ist dies in der Medizin eine sehr gute Erfolgsquote.

Ich kenne auch viele Menschen mit Morbus Crohn und Colitis ulcerosa, die sich mit der Diät besser fühlten, darüber gibt es aber nur wenige Studien. Da bei der Low-FOTMAP-Diät Gluten und Lactose vermieden werden, ist sie auch bei Zöliakie und Lactoseintoleranz zu empfehlen.

»Die Low-FODMAP-Diät ist keine Schnelllösung«, sagen Ernährungsphysiologen. Dem stimme ich zu einem gewissen Grad zu. Ich glaube aber: Wenn Sie mit viel Darmgas zu kämpfen haben, kann es nicht schaden, die Low-FODMAP-Prinzipien beispielsweise ein paar Tage vor einer Party anzuwenden, auf der Sie mit einem flachen Bauch in Ihrem Kleid glänzen wollen. Vielleicht stellen Sie schon eine Veränderung fest, wenn Sie ein paar Tage lediglich Zwiebeln und Knoblauch, die schlimmsten Übeltäter, streichen und Ihren Weizenkonsum einschränken.

WURDE ICH DURCH DIE LOW-FODMAP-DIÄT GEHEILT?

Das hängt davon ab, wie Sie »geheilt« definieren. Mein Bauch wird wohl immer auf FODMAP-reiche Nahrungsmittel reagieren, aber solange ich eine Low-FODMAP-Diät einhalte, bin ich relativ symptomfrei. Ich habe viel mehr Kontrolle über meinen Bauch als vor der Diät, wodurch ich auch mehr Kontrolle über mein Leben allgemein habe. Ich fühle mich einfach freier. So kann ich auch mit gelegentlichen »Schlechter-Bauch-Tagen« besser umgehen.

Ich vertraue der Forschung hinter der Low-FODMAP-Diät und den Erkenntnissen darüber, was FODMAP-reiche Nahrungsmittel im Darm anrichten, aber ich bin auch davon überzeugt, dass die Wirkung zum Teil psychische Ursachen hat. Hält man eine Low-FODMAP-Diät ein, tut man aktiv etwas, um sich besser zu fühlen, übernimmt also Kontrolle über seinen Körper. Ihr Bauch führt kein Eigenleben mehr, Sie allein treffen jetzt die Entscheidungen. Für mich war das eine große Befreiung.

Auf der anderen Seite können »Schlechter-Bauch-Tage« Sie daran erinnern, dass Sie nicht mehr die völlige Kontrolle haben, und wenn das passiert, beginnen viele Menschen, krampfhaft nach der Ursache zu suchen, warum ihr Bauch rebelliert. Jede Nahrungsaufnahme der letzten 48 Stunden wird genauestens analysiert, und plötzlich fragen Sie sich, ob »sichere Nahrungsmittel« schuld sein könnten. Hier ist es wichtig, entspannt zu bleiben. Überlegen Sie kurz, was Sie gegessen haben, und wenn Sie nichts Falsches finden, beruhigen Sie sich und akzeptieren Sie, dass schlechte Tage hin und wieder ganz normal sind. Auch Menschen, die nicht an RDS leiden, haben Tage, an denen sie sich schrecklich fühlen, ohne ersichtlichen Grund Durchfall bekommen oder mit Blähungen zu kämpfen haben.

WIE GEHE ICH MIT GESELLSCHAFTLICHEN ANLÄSSEN UM?

Ich habe zwei Kurse über RDS besucht: einen von der Norwegischen Nationalen Vereinigung gegen Verdauungsstörungen (LMF) und einen von der Haukeland-Uniklinik im norwegischen Bergen. Auf beiden gab es Präsentationen von und mit RDS-Patienten. Beide Male störte mich, dass den Teilnehmern gesagt wurde, es würde ihnen besser gehen, wenn sie »Nein« zu sagen und Prioritäten zu setzen lernten. Meiner Erfahrung nach sagen wir RDS-Patienten viel zu oft »Nein«.

Wir meiden Situationen nicht, weil wir nicht kontaktfreudig wären, sondern weil wir uns wirklich unwohl fühlen und nicht von der Toilette kommen oder wegen der quälenden Angst, dass es uns schlecht gehen könnte. Ersteres ist natürlich ein reales Problem. Wer auf dem Klo sitzt, hängt fest und kann kaum etwas dagegen tun. Viele von uns haben auch recht gute Phasen, aber schon die Angst, krank zu werden, ist hinderlich. Wir schlagen nicht nur einige wenige Einladungen aus, wenn wir uns wirklich unwohl fühlen, sondern wir sagen auch Events ab, nur weil wir befürchten, dass es uns schlecht gehen könnte. Da bleiben nicht mehr viele Anlässe, um unter Leute zu gehen und uns zu amüsieren.

Mein Rat: Sagen Sie öfter mal »Ja«! Es ist besser, eine Veranstaltung zu besuchen und eben wieder zu gehen, wenn einem nicht wohl ist, als abzusagen und nie zu erfahren, ob es nicht doch gut gegangen wäre. Meiner Erfahrung nach geht es für gewöhnlich gut!

Ich denke, es ist wichtig, eine Balance zu finden. Es bringt nichts, sich in schlechten Zeiten in Gesellschaft zu zwingen, wenn Sie einfach nur niedergeschlagen und müde sind und Ihr Bauch und Ihre Angst überhand nehmen. Nutzen Sie aber ganz bewusst Ihre guten Phasen, um Freunde zu besuchen, mit ihnen auszugehen und die Initative zu Unternehmungen zu ergreifen. Vielleicht müssen Sie ein paarmal wieder nach Hause gehen, aber Sie haben es wenigstens versucht! Das gute Gefühl, wenn Sie Einladungen annehmen und eine schöne Zeit verleben, ist ein echter Ansporn.

Auch ein Hobby könnte Sie in dieser Hinsicht weiterbringen – etwas, das Sie wirklich interessiert und das Sie ausbauen können. Wenn Sie Ihre Gedanken auf etwas anderes als Ihre Verdauung konzentrieren und genießen, was Sie tun, werden Sie sich großartig fühlen und wissen, dass Sie es schaffen.

Ein weiterer Tipp: Sprechen Sie offen über Ihre Bauchprobleme. Ihre Freunde und Angehörigen sollten wissen, dass Sie Einladungen nicht ausschlagen, weil Sie keine Lust haben, sondern weil Sie nicht können. Lassen Sie sie wissen, wenn Sie sich schlecht fühlen. Wenn Sie von einer Party für eine halbe Stunde verschwinden, wissen sie, wo Sie sind – und Sie müssen beim Zurückkommen nichts erklären. Gut ist auch, ein bisschen darüber zu lachen, weil Humor befreit und Tabus bricht. Auf Flügen informiere ich die Crew, wenn es mir nicht gut geht. Sie haben vielleicht etwas Spezielles zu essen für mich, drei freie Sitze nebeneinander oder einen Platz neben der Toilette. Ich bitte immer um einen Platz am Gang in der Nähe eines WCs, damit ich dorthin gelange, ohne andere zu stören.

MUSS MAN BESONDERS GESUNDHEITSBEWUSST SEIN, UM DIE LOW-FODMAP-DIÄT ZU MACHEN?

Ernährungsberater würden diese Frage vielleicht anders beantworten, aber ich bin ein Fan des »Alles in Maßen«-Prinzips. Ich mag Essen und gute Aromen, egal ob gesund oder nicht. Zum Glück gehören Obst und gesunde Lebensmittel zu meinen Favoriten, aber ich habe auch eine Schwäche für Süßes. Als ich mit der Low-FODMAP-Diät anfing, war ich auf Reisen, und abends aß ich pflichtbewusst Fleisch oder Fisch mit Kartoffeln oder Reis, ohne Sauce. Dann sah ich neidisch auf alle anderen, die sich ein Dessert gönnten. Da beschloss ich, nach Hause zu fahren und herauszufinden, wie ich gutes Low-FODMAP-Essen selbst zubereiten könnte.

Ja, ich verwende häufig lactosefreie Sahne, lactosefreien Sauerrahm sowie Salz und Zucker, um den Geschmack meines Essens aufzuwerten. Doch ich denke, ich ernähre mich im Alltag trotzdem abwechslungsreicher und gesünder als vorher. Viele Verlockungen, denen ich früher leicht nachgab, wie Süßigkeiten (die oft

Sorbitol enthielten), Gebäck, Schokolade und Kuchen, gehören heute nicht mehr zu meiner täglichen Ernährung. Deshalb glaube ich, ein Klacks Sahne in meinen Gerichten und etwas Low-FODMAP-Kuchen oder -Dessert am Wochenende stehen mir einfach zu.

Mir ist wichtig, dass ich ab und an ein paar kalkulierte Risiken eingehen kann, beispielsweise Knoblauch, Zwiebeln oder Weizen zu essen. Aber ich stelle sicher, dass ich an den Tagen danach keine Termine habe. Der Vorteil dieses Ansatzes: Ich kann nicht nur hie und da der Versuchung nachgeben, sondern werde auch – insbesondere am Tag danach – daran erinnert, warum ich diese Sachen nicht mehr regelmäßig konsumiere.

LEBEN MIT DER LOW-FODMAP-DIÄT

Zu Hause fühle ich mich in Essensbelangen sehr »frei«. Ich bereite viele gute Low-FODMAP-Mahlzeiten zu und vermisse nichts (außer wenn ich für meinen Mann und meine Kinder Zimtröllchen backe). Auf Reisen hingegen werde ich meines Bauchs und meiner eingeschränkten Ernährung jedoch schnell überdrüssig. Wie würden Sie sich fühlen, wenn Sie in einem netten Hotel nach Naturschnitzel mit Reis fragen müssten, statt sich eines der leckeren Gerichte zu bestellen, die alle anderen genießen? Ich versuche mir dann einzureden, dass das Essen auf Reisen nicht im Mittelpunkt steht – aber leicht ist das nicht. Besonders schwer ist es, wenn die Reisegruppe ein italienisches oder indisches Restaurant besucht und ich höflich erklären muss, dass ich nichts auf der Speisekarte essen kann. In diesen Momenten fühlt sich die Low-FODMAP-Diät wie eine Zwangsjacke an.

Leicht wird man auch geradezu besessen von Essen und davon, jedwede Reaktion auf einzelne Zutaten an sich zu beobachten. Manchmal fühle ich mich, als säße ich in einem Karussell, das sich immer schneller dreht, und ich werde immer schwindliger, kann aber nicht abspringen. Dann fällt es schwer, logisch zu denken!

Wenn Sie eine restriktive Diät wie die Low-FODMAP-Diät befolgen, ist es wichtig sich daran zu erinnern, dass an eventuellen Bauchschmerzen nicht unbedingt eine einzelne Zutat schuld ist. Manchmal kann eine zufällige Kombination verschiedener Speisen oder Ihre Tagesform dafür verantwortlich sein, ein andermal sind es andere Gründe. Auch wenn RDS keine psychische Störung ist, kann Stress die Erkrankung verschlimmern. Und manchmal werden Bauchbeschwerden von etwas so Lästigem wie einem grippalen Infekt verursacht. Man muss sich vor Augen führen, dass es nichts völlig Unnormales ist (auch ohne RDS), wenn der

Bauch ab und zu aus dem Takt gerät. Nachdem ich die Diät mehrere Jahre lang befolgt habe und Kontakt mit vielen Leidensgenossen habe, weiß ich, dass wir einige Herausforderungen gemeinsam haben: Was esse ich zum Frühstück und zu Mittag? Was mache ich bei gesellschaftlichen Anlässen? Was mache ich im Restaurant, an Buffets, in der Arbeit? Ich finde es leichter, mich an die Diät zu halten, wenn ich mich auf die Veranstaltung konzentriere statt aufs Essen. Es ist besser, sich mit Leuten zu unterhalten und sich zu amüsieren, auch wenn man nur ein Stückchen Fleisch ohne Sauce isst, als zu Hause zu bleiben, nur weil man Angst hat, vom auswärts servierten Essen krank zu werden!

FRÜHSTÜCK, MITTAGESSEN UND SNACKS

Viele haben mit Frühstück und Mittagessen so ihre Probleme. Das hat viel damit zu tun, dass wir früher gewöhnlich zu diesen Mahlzeiten Brot gegessen haben. Viele befürchten, ihre Ernährung würde jetzt eintöniger, auch ich – bis ich anfing zu überlegen, was ich aß, ehe ich mit der Low-FODMAP-Diät angefangen hatte: Ich hatte mich viel fantasieloser ernährt als jetzt! Die meisten Leute essen zum Frühstück Cerealien und zu Mittag Sandwiches, Tag für Tag. Wenn Sie wollen, können Sie damit weitermachen, nur eben mit glutenfreiem Toast und Brot. Aber es gibt auch Alternativen, die für etwas Abwechslung sorgen können:

Frühstück: weiche Eier oder Spiegeleier, Omelett (siehe S. 44) mit etwas Schinken und/oder Bratkartoffeln. Reiswaffeln, glutenfreie Scones (siehe S. 32), Focaccia (siehe S. 92), Waffeln (siehe S. 74), Pancakes (siehe S. 38) oder Brandteigbrötchen (siehe S. 70) mit Hartkäse, Schinken, Eiern, Thunfisch, Erdnussbutter, Bananenhälften, Hüttenkäse oder Low-FODMAP-Marmelade.

Mittagessen: gebratener Reis mit Low-FODMAP-Gemüse und etwas Fleisch oder Fisch, Reste von Hauptgerichten aus diesem Buch, pikante Muffins (siehe S. 94) mit Low-FODMAP-Füllung/-Belag.

AUSWÄRTS ESSEN

Ich weiß, dass viele RDS-Betroffene, bevor sie auswärts essen, im Restaurant anrufen und um ein spezielles Gericht bitten. Das ist eine gute Idee, wenn man fein essen gehen will, aber mir wäre es zu aufwendig. Als ich jedoch mit meinem Mann in einem netten Lokal Geburtstag feiern wollte, tat ich es trotzdem. Zu meiner Freude (und Überraschung) hatte sich der Küchenchef über die Diät informiert und zauberte mir ein Low-FODMAP-Menü.

Meiner Erfahrung nach ist es einfacher zu sagen, was ich essen kann, statt aufzulisten, was ich alles nicht essen kann. Das wird für Ihr Gegenüber schnell zu

verwirrend, und am Ende bekommen Sie vielleicht doch etwas, das Sie nicht vertragen. Deshalb bestelle ich oft nur Grillfleisch oder -fisch mit Salz und Pfeffer.

Wenn es bei Ihnen in der Arbeit ein Mittagsbuffet gibt, sollte das Catering-Personal Ihnen Dinge empfehlen können, die Sie essen können, etwa Grillfleisch und -fisch, Meeresfrüchte, Kartoffeln, Reis, Eier und Salate. Gibt es kein glutenfreies Brot, könnten Sie selbst welches mitbringen. Auf den meisten Buffets in Restaurants und Hotels findet man ein paar Low-FODMAP-Optionen. Lesen Sie die Liste auf Seite 14, und wählen Sie das aus, was Sie gut vertragen.

Haben Sie in der Arbeit einen Kühlschrank, nehmen Sie Reste von Ihrem Abendessen mit. Oder machen Sie sich z. B. gefüllte Muffins oder Sandwiches.

BESONDERE ANLÄSSE

Wenn Sie mit der Familie feiern, können Sie im Vorfeld herausfinden, was es zu essen gibt, und fragen, ob es möglich ist, die Gerichte etwas abzuwandeln. Ich verzichte meist auf Vorspeise und Dessert, um es den Gastgebern so einfach wie möglich zu machen. Bei einer Party zu einem 50. Geburtstag wusste ich vorher, dass Tapas serviert werden – das heißt: viel Knoblauch und Zwiebeln. Statt dem Geburtstagskind Mühen zu machen, brachte ich einfach eine Box mit Sushi mit. Vielleicht hielten mich ein paar Leute für sonderlich, aber wen kümmert's?

Wenn es zum Kaffee selbst gebackenen Kuchen geben soll, bieten Sie doch einfach an, einen mitzubringen. Schoko-Traumkuchen (siehe S. 136) mit lactosefreier Sahne schmeckt den meisten, auch ohne RDS, backen Sie also einen großen!

Bei Treffen mit guten Freunden und der Familie bieten Sie doch Ihre Hilfe beim Kochen an, oder bringen Sie Ihr eigenes Gericht oder ein Dessert mit. Ich heimse dafür immer großes Lob ein, auch von Leuten, die nicht die Low-FODMAP-Diät machen. Rezepte für diese Desserts finden Sie in diesem Buch.

AUF REISEN

Zu Hause habe ich kein Problem damit, mich an die Low-FODMAP-Diät zu halten, anders ist das auf Reisen, wenn ich nicht selbst kochen kann. Ich sage meist, dass ich allergisch bin, auch wenn eine Unverträglichkeit gegen High-FODMAP-Lebensmittel keine Allergie ist. Ich erkläre, dass ich von Knoblauch, Zwiebeln, Weizenmehl und Milchprodukten krank werde und hoffe, dass man mir diese Dinge nicht serviert. In China hatten wir glücklicherweise unsere eigene Küche, aber das half auch nicht viel, weil ich die Etiketten nicht lesen konnte! Das nächste Mal nehme ich einen Allergiepass mit. Allergiepässe sollten von Ärzten ausgestellt werden, daneben gibt es Ausweise zu Lebensmittelunverträglichkeiten (siehe Bezugsquellen, S. 172). Für Reisen in Flugzeugen, Zügen und Bussen bietet sich an, Selbstgemachtes mitzunehmen. Vor Flügen kann man nach speziellem Essen fragen, aber gluten-, lactose- und zwiebelfreie Optionen gibt es für gewöhnlich nicht! Da trockene Dinge am leichtesten zu transportieren sind, werden Sie wohl viele glutenfreie Cracker und Low-FODMAP-Kohlenhydrate konsumieren und zu wenig Proteine und Fette, die besser satt machen. Deswegen nehme ich Reste aus dem Tiefkühler mit und bereite im Voraus Fleisch zu und friere es ein. Das Letzte, was ich einpacke, ehe ich das Haus verlasse, ist eine Box mit tiefgekühltem Essen, das kühl bleibt, bis ich es brauche. Sie können Ihr Essen in der Kühltasche auch einfach mit einer tiefgekühlten Flasche Wasser frisch halten.

Falls Sie die Möglichkeit haben, mieten Sie ein Apartment mit Küche und Kühlschrank. So können Sie Lebensmittel kaufen und selbst zubereiten. In Ländern, deren Sprache Sie nicht verstehen, ist das zwar schwieriger, aber Fleisch, Fisch, Eier und Reis sollten Sie eigentlich überall bekommen und identifizieren können.

Nehmen Sie auch immer trockene Zutaten mit, die Sie gut vertragen, beispielsweise glutenfreie Salzbrezeln, die Sie unterwegs essen können. Häufig habe ich auch einen Eierkocher dabei. Er ist recht klein, und Eier gibt es so gut wie überall, sie passen zu jeder Mahlzeit und sind sehr sättigend. Auch Reisnudeln habe ich immer dabei. Diese muss man nur in Wasser einweichen, abgießen, mit kochendem Wasser aufgießen, 5 bis 10 Minuten ziehen lassen und wieder abgießen. Weitere Tipps für Reisen und eigene Erfahrungen mit der Low-FODMAP-Diät unterwegs finden Sie in meinem Blog www.nobackpacker.no.

ÜBER DIE REZEPTE

Die Rezepte sind für alle gedacht, die eine Low-FODMAP-Diät befolgen, es sind keine Rezepte »ohne alles«. Darauf achte ich sowohl in meinem Buch als auch in meinem Blog, da eine Low-FODMAP-Diät sowieso schon restriktiv ist. Ich finde eine abwechslungsreiche Ernährung sehr wichtig, und meine Rezepte enthalten Eier, lactosefreie Milch, Butter und Zucker. Wer auf Zucker verzichten will, kann ihn durch andere Süßungsmittel ersetzen, und statt lactosefreier Milchprodukte bieten sich Reis-, Hafer- und Mandelmilch an. Oder Sie verwenden Sojamilch aus Sojaprotein. Achtung: Sojamilch aus Sojabohnen ist high-FODMAP! Viele Vorschläge sind Grundrezepte, die Sie etwa mit Würzzutaten abändern können. Soweit nicht anders angegeben, reichen die Mengen für zwei Erwachsene. Da ruhig die ganze Familie Low-FODMAP-Gerichte essen darf, könnten Sie die Mengen beispielsweise einfach verdoppeln.

1

FRÜHSTÜCK

Starten Sie mit einer Geschmacksexplosion in den Tag! Ein Himbeer-Smoothie oder frisch gebackene, goldene Pancakes schmecken doch einfach köstlich. Bei Zeitmangel bietet sich ein Müsli aus eingeweichten Haferflocken an.

FRÜHSTÜCKSMUFFINS

Dieser Hefeteig aus glutenfreiem Mehl lässt sich einfach zubereiten und sieht aus wie ein echter Muffinteig. Er ist definitiv der beste glutenfreie Teig, den ich je probiert habe. Die Muffins sind leicht, saftig, locker und schmelzen im Mund!

FÜR 9–10 STÜCK:

115 g Butter
125 ml lactosefreie Milch
2 Eier
2 TL aktive Trockenhefe
1 EL Zucker
150 g glutenfreies Mehl

Den Backofen auf 200 °C (Gas Stufe 6) vorheizen. Die Butter in einem kleinen Topf bei mittlerer Hitze schmelzen, die Milch dazugießen und leicht erwärmen. Die Eier verquirlen und die warme Butter-Milch-Mischung angießen. Hefe, Zucker und zuletzt das Mehl einrühren. Die Konsistenz sollte einem Pfannkuchenteig ähneln. 45 Minuten gehen lassen.

Den aufgegangenen Teig in eine eingefettete Muffinform füllen und weitere 20–30 Minuten gehen lassen. Die Muffins auf der mittleren Schiene des Backofens 10–12 Minuten backen.

TIPPS

Für eine Version mit etwas mehr Biss die Hälfte des glutenfreien Mehls durch Hafermehl ersetzen.

Wenn Sie die Muffins süßer mögen, einfach die Zuckermenge etwas erhöhen.

Für einen komplett milchfreien Teig können Sie Sie die lactosefreie Milch durch Wasser oder Hafer-, Reis- oder Mandelmilch ersetzen.

SÜSSE SCONES

Diese süßen Scones erinnern mich an unsere Zeit in England. Am Wochenende kauften wir häufig Scones, einen Becher Schlagsahne und ein Glas Marmelade und aßen sie zu Mittag. Besonders gesund sind sie nicht, aber sehr lecker!

FÜR 6–7 STÜCK:

300 g glutenfreies Mehl
65 g Zucker
1 TL Backsoda
115 g Butter
175 g lactosefreier Joghurt
1 Ei
lactosefreie Sahne und Marmelade zum Servieren (optional)

Den Backofen auf 200 °C (Gas Stufe 6) vorheizen. Mehl, Zucker und Backsoda in einer Schüssel vermischen. Die Butter in die Mehlmischung krümeln. In einer separaten Schüssel Joghurt und Ei verschlagen und zügig in die Mehlmischung einarbeiten. Da der Teig nicht so fest werden soll wie ein Hefeteig, nicht zu lange vermengen!

Ein Backblech mit Backpapier belegen und den Teig in kleinen Häufchen nebeneinander daraufsetzen. Nehmen Sie einen Löffel zu Hilfe und lassen Sie zwischen den Teigklecksen etwas Abstand. Die Scones 12–15 Minuten backen.

Nach Wunsch mit lactosefreier Sahne und etwas Marmelade servieren.

TIPPS

Etwas fein gehackte lactosefreie Schokolade oder Kuvertüre mit 70 % Kakaoanteil einrühren.

Für gröbere Scones 75 Gramm Mehl durch 45 Gramm Hafermehl ersetzen.

FRISCHKÄSE

Dieser selbst gemachte Firschkäse schmeckt auf Toast oder Bagels zum Frühstück, auf Crackern als Snack oder in Sandwiches und Salaten.

FÜR 1 PORTION:

950 ml lactosefreie Milch
3 EL Weißweinessig
1 EL Schnittlauch oder gemischte Kräuter, gehackt
sauberes Geschirrtuch, Nesselstoff oder feines Sieb
Salz und Pfeffer nach Geschmack

In einem kleinen Topf die Milch fast bis zum Siedepunkt erhitzen. Vom Herd nehmen, den Essig hinzufügen und wieder auf die Herdplatte stellen. Die Milch wird schnell gerinnen. Falls nicht, noch etwas Essig dazugeben.

Sobald die Milch geronnen ist, ein Tuch oder Sieb über eine große Schüssel legen und die Milch durchgießen, sodass der Quark aufgefangen wird. Diesen gut trocknen lassen und dann mit Schnittlauch und etwas Salz und Pfeffer verrühren.

TIPP

Nach Wunsch können Sie den Frischkäse auch über Nacht trocknen lassen.

EINGEWEICHTE HAFERFLOCKEN MIT JOGHURT UND BEEREN

Eingeweichte Haferflocken sind das perfekte Frühstück, wenn man morgens in Eile ist: Die Flocken am Vorabend einweichen und die Früchte klein schneiden – morgens ist das gesunde Frühstück rasch fertig. Sie können den Haferbrei auch in einem verschließbaren Behälter fürs Mittagessen mitnehmen.

FÜR 1 PERSON:

40 g Haferflocken
1 EL Chiasamen
lactosefreier Joghurt
etwas Vanillezucker
frische Beeren, z. B. Blau-, Him- und Erdbeeren
Pekan- oder Walnüsse, gehackt
1 EL Ahornsirup

In einem Glas oder einer Schüssel Haferflocken und Chiasamen vermischen und mit Wasser bedecken. Verrühren, mit einem Deckel oder Frischhaltefolie verschließen und im Kühlschrank über Nacht ziehen lassen.

Am Morgen den lactosefreien Joghurt und etwas Vanillezucker unterrühren. Beeren, Nüsse und Ahornsirup daraufgeben.

TIPPS

Manche vertragen mehr Haferflocken als hier angegeben. Passen Sie die Menge entsprechend an.

Die Beeren können Sie durch Früchte wie Banane, Kiwi, Melone, Ananas oder Trauben ersetzen.

MÜSLI MIT NÜSSEN UND SAMEN

Dieses Müsli schmeckt mit lactosefreiem Joghurt zum Frühstück oder mit etwas lactosefreier Sahne zum Nachtisch. Ich habe es auch auf Reisen immer als Snack dabei.

FÜR 2 PERSONEN:

60 g Haferflocken
1 EL Sonnenblumenkerne
1 EL Pinienkerne
1 TL Mandeln, gehackt
1 EL Kürbiskerne
1 TL Sesamsamen
1 TL Ahornsirup
1 TL Öl
gemischte Nüsse und Samen, die Sie gut vertragen

Den Backofen auf 150 °C (Gas Stufe 2) vorheizen. In einer Schüssel alle Zutaten vermischen und gleichmäßig auf einem Backblech verteilen. Etwa 30 Minuten backen. Es ist wichtig, dass das Müsli lange genug bäckt, damit es richtig knusprig wird und ein nussiges Aroma bekommt.

TIPP

Das Müsli hält sich luftdicht verschlossen mehrere Monate.

PANCAKES

Pancakes werden häufig mit viel Butter und Ahornsirup serviert – eine echte Kalorienbombe! Zum Glück schmecken sie aber auch mit frischen Früchten und Joghurt sehr lecker.

FÜR 6–8 STÜCK:

1 Ei
115 g lactosefreier Joghurt
½ TL Backsoda
100 g glutenfreies Mehl
1 TL geschmolzene Butter, plus etwas zum Braten
lactosefreie Schlagsahne und Ahornsirup zum Servieren (optional)

In einer Schüssel Ei und Joghurt verquirlen. Backsoda und Mehl vermischen und in die Ei-Joghurt-Mischung rühren. Die geschmolzene Butter einrühren. Den Teig 10–15 Minuten gehen lassen.

Eine Pfanne auf mittlerer Stufe erhitzen und die Butter hineingeben. 1 Schöpfkelle Teig darin auf beiden Seiten goldgelb braten. Wiederholen, bis aller Teig aufgebraucht ist. Nach Wunsch mit lactosefreier Sahne und Ahornsirup oder mit frischen Früchten und Joghurt servieren.

TIPP

Als Canapés: kleine Pancakes mit Käse, Schinken, Frikadellen, Garnelen oder Ähnlichem belegen.

VANILLE-CRÊPES

Ich esse häufig Crêpes zum Frühstück oder mit einem Topping zu Mittag. Probieren Sie sie mal mit Speck oder mit lactosefreier Sahne und Marmelade oder Beeren. Ein Viertel der Teigmenge ergibt zwei dickere Crêpes.

FÜR 8–10 STÜCK:

4 Eier
500 ml lactosefreie Milch
300g glutenfreies Mehl
1 TL Vanillezucker
1 EL Zucker
60 g geschmolzene Butter, plus etwas zum Backen
Zimt und Zucker zum Servieren

Eier und Milch verquirlen. Mehl, Vanillezucker und Zucker vermischen und unter ständigem Quirlen nach und nach in die Eiermischung geben. Die geschmolzene Butter einrühren. Den Teig 10–15 Minuten ruhen lassen. Wird er zu dick, noch etwas Milch unterrühren.

Eine Pfanne auf mittlerer Stufe erhitzen und die Butter hineingeben. Etwas Teig darin auf beiden Seiten goldgelb backen. Wiederholen, bis aller Teig aufgebraucht ist. Mit Zimt und Zucker bestreut servieren.

TIPPS

Für gesündere Frühstücks-Crêpes die Hälfte des Mehls durch Hafermehl und/oder Buchweizenmehl (das ebenfalls keine Fructane enthält) ersetzen.

Für eine sättigende Mahlzeit Vanillezucker und Zucker weglassen. Tomatensauce mit Rinderhack auf die Crêpes geben, aufrollen, mit Käse bestreuen und im Ofen bei 200 °C (Gas Stufe 6) backen, bis der Käse geschmolzen ist.

HIMBEERSMOOTHIE

Smoothies sind eine gesunde Option für Frühstück, Mittagessen und zwischendurch. Wenn Sie sie dicker mögen, einfach etwas Haferflocken hinzufügen.

FÜR 1 PERSON:

3–4 kernlose Weintrauben
45 g Himbeeren
1/3 unreife, feste Banane (gelb, ohne Flecken)
115 g lactosefreier Joghurt
Zucker nach Geschmack (die Menge hängt davon ab, ob der Joghurt gesüßt ist und wie süß die Früchte sind)
Eiswürfel

Alle Zutaten außer den Eiswürfeln im Mixer pürieren. In ein hohes Glas auf Eiswürfel gießen und servieren.

GRÜNER SMOOTHIE

Avocado sorgt für Cremigkeit, hat aber ein FODMAP-Limit von 1 Esslöffel. Die Reismilch können Sie durch lactosefreie Milch ersetzen.

FÜR 1 PERSON:

200 ml Reismilch
1 EL Chiasamen
1 EL Avocado, gehackt
4 kernlose Weintrauben
etwas frischer Koriander

125 Milliliter Reismilch in eine Schüssel oder ein Glas gießen, die Chiasamen dazugeben und mindestens 30 Minuten, am besten über Nacht, einweichen.

Avocado, Weintrauben, frischen Koriander und die restliche Reismilch in einen Mixer füllen. Die eingeweichten Chiasamen samt Milch dazugeben und alles glatt pürieren. Mit ein paar Korianderblättern dekorieren.

RÜHREIER MIT RÄUCHERLACHS

In meiner Kindheit verbrachte ich die Sommerwochenenden bei meinen Großeltern auf dem Land. Zum Frühstück im Freien gab es dort oft Rühreier mit Räucherlachs. Heute esse ich Eier und Räucherlachs das ganze Jahr über, sowohl zum Frühstück als auch zum Mittagessen, solo oder mit glutenfreiem Brot.

FÜR 1 PERSON:

2 Eier
2 EL lactosefreie Sahne oder Milch
1 Frühlingszwiebel (nur der grüne Teil)
2–3 dünne Scheiben Räucherlachs
1 Scheibe glutenfreies Brot zum Servieren

Die Eier mit Sahne oder Milch kurz verquirlen. Das Frühlingszwiebelgrün fein hacken und einrühren.

Eine Pfanne auf mittlerer bis hoher Stufe erhitzen. Die Butter darin schmelzen, dann die Eiermischung hineingeben. Die Hitze reduzieren und die Eiermischung in der Pfanne etwas fest werden lassen. Mit einer Palette oder einem Holzlöffel die Eier in der Pfanne bewegen, bis sie gar sind. Kurz bevor sie durchgegart sind, vom Herd nehmen, denn die Eier garen dann noch weiter.

Mit Räucherlachs auf geröstetem glutenfreiem Brot servieren.

TIPP

Falls Sie die Eier ohne Räucherlachs essen wollen, streuen Sie vor dem Servieren etwas Salz darüber.

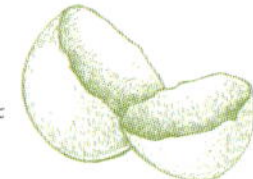

IM OFEN GEBACKENES OMELETT

Dies ist eine großartige Möglichkeit, Reste aus dem Kühlschrank zu verwerten, ob Kochschinken, gekochte Kartoffeln oder verschiedenes Gemüse.

FÜR 4 PERSONEN:

10 Eier
125 ml lactosefreie Sahne
Schnittlauch oder der grüne Teil von 1 Frühlingszwiebel, gehackt
100 g Wurst, Schinken, Speck oder eine Mischung daraus
½ TL Salz
Pfeffer
115 g milder Emmentaler, gerieben

Den Backofen auf 200 °C (Gas Stufe 6) vorheizen. Die Eier leicht verschlagen, die Sahne und den Schnittlauch oder das Frühlingszwiebelgrün einrühren. Die Wurst oder den Schinken in Würfel schneiden und zur Eiermischung geben. Falls Sie auch Gemüse verwenden, dieses ebenfalls klein würfeln und hinzufügen. Falls Sie salzigen Schinken verwenden, brauchen Sie kein zusätzliches Salz mehr; ansonsten mit dem Salz und etwas Pfeffer abschmecken.

Die Eiermischung in eine kleine ofenfeste Form gießen und 10 Minuten backen. Den Käse daraufgeben und weitere 10 Minuten backen, bis er geschmolzen ist.

TIPP

Falls Sie Wurst verwenden, achten Sie darauf, dass sie weder Zwiebeln noch Knoblauch enthält.

2

SUPPEN, SALATE & LEICHTE GERICHTE

Sorgen Sie für bunte Abwechslung beim Mittagessen! Mit Salaten aus frischen Zutaten, köstlichen Fischküchlein oder Sandwiches aus Waffeln und Brandteig. In der kälteren Jahreszeit halten herzhafte Suppen wunderbar warm.

RINDERBRÜHE

Rinderbrühe ist als Basis für Suppen, Eintöpfe und Saucen extrem nützlich, kann aber auch pur als wärmedes, nahrhaftes Getränk genossen werden. Diese Version ist sehr konzentriert und muss als Zutat für Suppen verdünnt werden.

FÜR CA. 950 ML:

1 kg Rinderknochen und Rindfleischreste
1,5 l Wasser
5 Karotten
2 Frühlingszwiebeln oder Lauchstangen (nur der grüne Teil)
½ Stangensellerie (optional)
1–2 EL ganze Pfefferkörner
3 TL Salz

Alle Zutaten in einen großen Topf geben und aufkochen lassen. Die Temperatur reduzieren und bei niedriger Temperatur 2–3 Stunden köcheln lassen. Für einen klaren Fond regelmäßig den Schaum von der Oberfläche abschöpfen.

Die Brühe durch ein großes, feinmaschiges Sieb oder ein mit Nesselstoff ausgelegtes gröberes Sieb in eine große Schüssel gießen.

TIPP

Leicht gesalzenes Schweinefilet eignet sich sehr gut für die Herstellung von Brühe und liefert zugleich viel gutes Fleisch als Suppeneinlage.

GARNELENBRÜHE

Diese Brühe ist sowohl für Fischsuppen als auch zur Herstellung von Saucen ideal. Das Tolle daran ist, dass sie nur kurz kochen muss und somit schnell gemacht ist.

FÜR CA. 950 ML:

1 kg Garnelenschalen
30 g Butter
125 ml Weißwein (oder weniger)

2 l Wasser
3 Karotten
3 Frühlingszwiebel (nur der grüne Teil)
½ Selleriestange

In einem großen Topf bei mittlerer Hitze die Garnelenschalen in der Butter anbraten. Den Weißwein angießen und verkochen lassen. Dann das Wasser und das Gemüse hinzufügen.

Die Brühe mindestens 30 Minuten, aber nicht länger als 1½ Stunden köcheln lassen. Durch ein großes, feinmaschiges Sieb oder ein mit Nesselstoff ausgelegtes gröberes Sieb in eine große Schüssel gießen.

TIPP

Falls Sie keinen Weißwein haben, ersetzen Sie ihn durch 2 Esslöffel Weißweinessig.

KAROTTENCREMESUPPE

Diese Suppe habe ich schon Lunch-Gästen, Konferenzteilnehmern und einer Filmcrew serviert. Jeder war positiv überrascht, wie großartig sie schmeckt, obwohl sie weder Zwiebeln noch Knoblauch enthält.

FÜR 2 PERSONEN:

4–5 Karotten
500 ml Wasser
10–20 g Butter
1 TL Salz oder 1 Brühwürfel (ohne Zwiebel!)
¼–½ TL Cayennepfeffer
1 EL lactosefreie saure Sahne oder lactosefreier Naturjoghurt
frisches Basilikum oder Oregano zum Servieren
Balsamicocreme (siehe S. 164) zum Servieren

Die Karotten schälen, klein schneiden und im Wasser in ca. 15 Minuten weich kochen. Das Wasser abgießen, aber nicht wegschütten.

Die Karotten mit einem Kartoffelstampfer zermusen und die Butter dazugeben. Kochwasser einrühren, bis die Suppe die gewünschte Konsistenz hat.

Mit Salz oder Brühwürfel und Cayennepfeffer würzen. Falls die Suppe zu dick ist, noch etwas Kochwasser angießen. Zum Kochen bringen.

Kurz vor dem Servieren saure Sahne oder Naturjoghurt einrühren. Etwas Basilikum oder Oregano dazugeben und mit Balsamicocreme beträufeln.

TIPPS

Als Proviant für Ausflüge die Suppe in eine Thermoskanne füllen.

Sättigender wird die Suppe mit etwas gebratenem Speck oder Schinken.

KLASSISCHE TOMATENSUPPE

Die meisten fertig gekauften Suppen enthalten Weizenmehl und/oder Zwiebeln und Knoblauch. Zwiebel- und glutenfreie Tomatensuppen gibt es zwar zu kaufen, aber ich finde es genauso einfach – und so viel besser! –, Tomatensuppe selbst zu machen.

FÜR 2 PERSONEN:

1 Frühlingszwiebel (nur der grüne Teil)
neutrales Öl, z. B. Rapsöl
200 g Tomaten, gehackt
1 EL Reismehl
125 ml Wasser
1 EL Balsamicocreme (siehe S. 164)
½ TL Zucker (da Tomaten viel Säure haben)
1 Brühwürfel (ohne Zwiebeln und Knoblauch) oder ½ TL Salz
Salz, Pfeffer und Cayennepfeffer
frischer oder getrockneter Oregano und/oder Basilikum
60 g lactosefreie Sahne
Croûtons (siehe S. 97) zum Servieren (optional)

In einem hohen Topf die Frühlingszwiebel in etwas Öl anbraten. Tomaten, Reismehl und Wasser hinzufügen. Aufkochen und 10 Minuten köcheln lassen.

Die Suppe mit einem Pürierstab pürieren und die Balsamicocreme und Zucker unterrühren. Mit Brühwürfel (oder Salz), Salz, Pfeffer Cayennepfeffer und Kräutern würzen.

Die Sahne einrühren und die Suppe erneut aufkochen lassen. Falls sie sehr dick ist, etwas Wasser angießen. Nach Wunsch mit Croûtons servieren.

TIPPS

Für eine etwas leichtere Version die Sahne durch lactosefreie Milch ersetzen.

Frikadellen aus Schweinehack (siehe S. 120) oder Hähnchenhackfleisch herstellen, vorsichtig in die Suppe gleiten lassen und 10 Minuten leise köcheln lassen. Vor dem Servieren sicherstellen, dass das Fleisch wirklich durchgegart ist.

FISCHSUPPE MIT LACHSKLÖSSCHEN

Extravagant wird diese Suppe durch die Zugabe von verschiedenen Fischen und Meeresfrüchten, beispielsweise Garnelen, Miesmuscheln und Jakobsmuscheln.

FÜR 3–4 PERSONEN:

Lachsklößchen:
Teig für Lachsküchlein (siehe S. 66)

Suppe:
4 Kartoffeln
4 Karotten
2 Frühlingszwiebeln (nur grüner Teil)
1 l Wasser mit 2 Brühwürfeln oder 2 TL Salz, oder Garnelenbrühe (siehe S. 49)
2 EL Reis, gemahlen
60g lactosefreie Sahne
125 g lactosefreie saure Sahne oder lactosefreier Naturjoghurt
Salz und Pfeffer
Croûtons (siehe S. 97) zum Servieren

Das Gemüse waschen, schälen und in Stücke schneiden. Wasser mit Brühwürfeln oder Salz bzw. die Garnelenbrühe in einem großen Topf zum Kochen bringen, das Gemüse hineingeben und 5 Minuten kochen lassen. Vom Herd nehmen.

In einer Schüssel den gemahlenen Reis mit etwas kaltem Wasser zu einer glatten Masse vermengen und diese in die Suppe geben. Unter gründlichem Rühren aufkochen und 5 Minuten köcheln lassen.

Aus dem Lachsteig Klößchen formen und in der Suppe in 5–6 Minuten garen.

Sahne, saure Sahne oder Joghurt einrühren und erwärmen, aber nicht mehr kochen lassen (sonst gerinnt die Sahne). Mit Salz und Pfeffer abschmecken und mit Croûtons servieren.

TIPP

Für eine leichtere Version die saure Sahne und die Sahne durch lactosefreie Milch ersetzen.

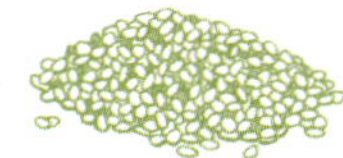

REGENBOGEN-QUINOA-SALAT

Obwohl Quinoa FODMAP-arm ist, reagieren manche darauf – essen Sie diesen Salat also besser erst in der Wiedereinführungsphase der Low-FODMAP-Diät, wenn Sie jede Reaktion sicher zuordnen können.

FÜR 3–4 PERSONEN:

125 g ungekochte Quinoa
3 Tomaten
½ rote Paprikaschote
½ gelbe Paprikaschote
1 kleine Handvoll frischer Koriander
3 EL Himbeerextrakt
3 EL Olivenöl extra vergine
25–30 g Parmesan, gerieben
frisch gemahlener Pfeffer

Die Quinoa laut Packungsanleitung kochen und abkühlen lassen. Tomaten und Paprikaschoten klein würfeln. Die Korianderblätter grob hacken und zusammen mit den Tomaten- und Paprikawürfeln unter die Quinoa mischen. Himbeerextrakt und Olivenöl dazugießen und die Mischung 30 Minuten ruhen lassen, damit die Quinoa die Aromen aufnehmen kann.

Den geriebenen Parmesan und Pfeffer kurz vor dem Servieren unterheben.

TIPPS

Als kaltes Mittagessen oder als Beilage zu Fisch oder Fleisch servieren.

Sättigender wird der Salat mit gehacktem gekochtem Hähnchen- oder anderem Fleisch.

ROHER SPROSSENSALAT

Dieser Salat schmeckt als Mittagessen oder abends als Beilage zu einem Fleisch- oder Fischgericht.

FÜR 2–3 PERSONEN:

3 Karotten
1 große Handvoll Weißkohlblätter
100 g Alfalfasprossen
50 g Bohnensprossen

Dressing:
1 TL Zitronensaft
1 TL süßer Senf
3 EL Olivenöl
Pfeffer

Die Karotten schälen, waschen und raspeln. Die Kohlblätter grob hacken und mit den Karottenraspeln sowie den Alfalfa- und Bohnensprossen vermischen.

Für das Dressing Zitronensaft und Senf verquirlen und unter ständigem Quirlen das Öl hineinträufeln. Das Dressing über den Salat gießen, etwas Pfeffer darübermahlen und servieren.

TIPP

Ziehen Sie doch zu Hause Ihre eigenen Sprossen und Keimpflanzen, um sie als Salatzutat oder zum Garnieren zu verwenden.

CREMIGER NUDELSALAT MIT HÄHNCHEN

Für diesen Salat können Sie jedes Gemüse verwenden, das Sie mögen und vertragen. Die Nudeln und das Dressing können Sie am Vortag zubereiten, mit dem Vermengen sollten Sie aber bis kurz vor dem Servieren warten.

FÜR 2–3 PERSONEN:

3 Tomaten
¼ Salatgurke
½ rote Paprikaschote
¼ Eisbergsalat
2 Hähnchenbrüste ohne Haut und Knochen, gegrillt
550 g gekochte, abgekühlte glutenfreie Nudeln
Alfalfasprossen und 1 EL Avocado zum Garnieren

Dressing:
3 sonnengetrocknete Tomaten (ohne Knoblauch!)
100 ml lactosefreie Sahne
55 g Mayonnaise
ein paar Schnittlauchhalme, gehackt
1 TL Weißweinessig
½ TL Cayennepfeffer
½ TL Paprikapulver

Für das Dressing die sonnengetrockneten Tomaten fein hacken und zusammen mit allen anderen Zutaten im Mixer pürieren. Das Dressing über die kalten Nudeln geben und gut vermengen, bis diese gleichmäßig überzogen sind.

Für den Salat Tomaten, Gurke, Paprikaschote, Eisbergsalat und Hähnchen klein hacken und kurz vor dem Servieren unter die Nudeln heben. Den Salat mit Alfalfasprossen und klein gehackter Avocado garnieren und servieren.

TIPPS

Den Salat können Sie mit Schinken, Speck oder einer Mischung daraus anreichern.

Reste dieses Salats sind ein tolles Mittagessen für den Tag darauf.

RUCOLA-SERRANO-SCHINKEN-SALAT

Ich liebe diesen Salat. Er ist sowohl als einfaches Mittagessen als auch als leichtes Abendessen großartig. Serrano-Schinken ist zwar low-FODMAP, aber manche Menschen reagieren empfindlich darauf.

FÜR 1 PERSON:

2–3 dünne Scheiben Serrano-Schinken
1 Tomate, in Scheiben geschnitten
1 große Handvoll Rucola
1 EL Balsamicocreme (siehe S. 164)
1 EL Olivenöl extra vergine
20 g Parmesan, gerieben

Den Rucola in eine Schüssel geben, die Tomatenscheiben und den Serrano-Schinken darauf verteilen. Die Balsamicocreme und das Olivenöl darüberträufeln, den Parmesan daraufstreuen und den Salat servieren.

HALLOUMI-HIMBEER-SALAT

Halloumi ist ein salziger, weißer Schnittkäse aus Schafsmilch. Er ist von Natur lactosearm und eignet sich deshalb hervorragend für die Low-FODMAP-Diät. Halloumi-Käse schmilzt beim Erhitzen nicht und schmeckt gegrillt oder in der Pfanne gebraten wunderbar.

FÜR 2 PERSONEN:

1 Handvoll grüne Salatblätter pro Person
3 Tomaten
100g Halloumi
3 EL gutes Olivenöl
1 EL Balsamicoessig
125 g frische Himbeeren
frischer Oregano zum Servieren

Die Salatblätter auf einer Servierplatte anrichten. Die Tomaten in Würfel schneiden und auf dem Salat verteilen.

Den Halloumi in Scheiben schneiden und kurz in einer Pfanne oder unter dem vorgeheizten Backofengrill anbraten. Auf dem Salat verteilen. Öl und Essig vermixen und über den Salat gießen.

Die Himbeeren grob hacken und zusammen mit dem Oregano über den Salat streuen und servieren.

REIS MIT RINDFLEISCH, SPINAT UND KAROTTEN

Auf meiner ersten Japanreise entdeckte ich dieses einfache Gericht. Hier verwende ich Spinat und Karotten, Sie können aber gerne anderes Gemüse nehmen. Auch das Fleisch können Sie nach Belieben variieren.

FÜR 3–4 PERSONEN:

450 g Rump- oder Lendensteak
15 g Butter
2 Karotten, geraspelt
150 g frischer Spinat, gehackt
3 EL Sojasauce
1½ TL Zucker
1 TL frischer Ingwer, gerieben
1 EL Wasser
½–1 TL Chilipulver (je nachdem, wie scharf Sie es mögen und vertragen)
1,2 kg frisch gekochter brauner Reis
100 g Bohnensprossen aus der Dose
Sesamsamen zum Garnieren

Das Rindfleisch in Streifen schneiden. Eine Pfanne auf hoher Stufe erhitzen, die Butter hineingeben und das Fleisch und die Hälfte der Karotten darin unter Rühren anbraten. Die Hitze reduzieren und den Spinat hinzufügen. Sojasauce mit Zucker, Ingwer und Wasser verrühren und ebenfalls zum Fleisch geben. 1–2 Minuten ziehen lassen. Mit Chili abschmecken.

Den Reis in kleine Schüsseln geben. Das Fleisch, die restlichen Karottenraspeln und jeweils ein paar Bohnensprossen daraufgeben. Ein paar Sesamsamen darüberstreuen und servieren.

LACHS-SASHIMI

Dies ist ein wirklich einfaches und schmackhaftes Gericht mit allen köstlichen Aromen von frischem Sushi, das glücklicherweise low-FODMAP ist.

FÜR 2 PERSONEN:

275 g ungekochter Reis
300 g sehr frischer roher Lachs

Sauce:
150 ml Sojasauce
1 EL Zitronensaft
1 EL Orangensaft

Den Reis nach Packungsanweisung kochen und auf zwei Tellern verteilen. Den Lachs in dünne Scheiben schneiden und auf dem Reis anrichten.

Die Saucenzutaten vermixen und separat dazureichen.

TIPPS

Wenn Sie rohen Lachs nicht mögen, schneiden Sie ihn in Portionen und dämpfen ihn bei mittlerer Hitze oder braten ihn auf beiden Seiten scharf an, sodass er außen gar und innen noch roh ist.

Geben Sie frische Kräuter, beispielsweise Koriander, in die Sauce, oder garnieren Sie damit den Fisch und den Reis.

Wenn Sie keinen Zitronen- oder Orangensaft haben, nehmen Sie einfach Sojasauce pur.

LACHSKÜCHLEIN

Mein Sohn liebt diese Fischküchlein so sehr, dass er all seinen Freunden davon erzählt hat. Sie lassen sich gut tiefkühlen, sodass sie immer für eine schnelle Mahlzeit parat sind, wenn große oder kleine Gäste vorbeikommen.

FÜR 10–12 STÜCK:

400 g Lachsfilet
1 Ei
60 ml lactosefreie Sahne
½ TL Ingwer, gerieben (optional)
1½ EL Balsamicoessig oder Zitronensaft
½–1 TL Salz
jeweils ½ TL Pfeffer, Chilipulver und/oder Cayennepfeffer
3–4 Frühlingszwiebeln (nur grüner Teil)
2 EL Butter oder Öl zum Braten
10–12 heiße Pellkartoffeln, lactosefreie saure Sahne oder Naturjoghurt, Dill und Zitronenspalten zum Servieren

Lachs, Ei, Sahne, Ingwer, Balsamicoessig oder Zitronensaft, Salz und Pfeffer im Mixer pürieren. Die Frühlingszwiebeln hacken und unter die Masse heben.

Butter oder Öl in einer Pfanne auf mittlerer Stufe erhitzen. Zuerst eine kleine Portion des Teigs braten, um zu prüfen, ob noch etwas Salz und/oder Pfeffer nötig ist. Gegebenenfalls nachwürzen und den Teig dann esslöffelweise in das heiße Fett setzen, die Häufchen vorsichtig etwas flach drücken. Die Fischküchlein auf beiden Seiten jeweils 2–3 Minuten braten (nicht länger, sonst werden sie trocken). Mit 2–3 Kartoffeln pro Person, saurer Sahne oder Joghurt, Dill und Zitronenspalten servieren.

TIPPS

Für einen extra Kick können Sie etwas geriebenen Meerrettich in den Teig geben.

Köstlicher Fischburger: 1 Focaccia (siehe S. 92) mit 1 Tomatenscheibe, ein paar Salatblättern, lactosefreier saurer Sahne oder Sojajoghurt und 1 Lachsküchlein belegen.

SCHINKEN-SPINAT-QUICHE

Dies ist das perfekte Rezept für Partys. Quiches können am Tag zuvor vorgebacken und dann individuell belegt werden. Machen Sie doch ein paar mit verschiedenen Fleisch- und/oder Gemüsesorten.

FÜR 4 PERSONEN:

Teig:
115 g Butter
200 g glutenfreies Mehl
4 EL Wasser
Keramik-Backbohnen

Belag:
4 Eier
300 g lactosefreie Sahne
115 g Käse, gerieben
300 g Schinken
3 Frühlingszwiebeln (nur der grüne Teil)
40 g frischer Spinat, gehackt
80 g Brokkoliröschen, gehackt (falls Sie Brokkoli vertragen)
frischer Thymian zum Garnieren

Den Backofen auf 200 °C (Gas Stufe 6) vorheizen. Die Butter ins Mehl krümeln, das Wasser zugeben und zu einem glatten Teig verkneten. 30 Minuten ruhen lassen, dann ausrollen oder mit den Händen in eine Quicheform (23 cm Durchmesser) drücken. (Glutenfreier Teig ist schwer auszurollen, ich drücke ihn lieber mit den Händen in die Form.) Gleichmäßig mit einer Gabel einstechen und mit Backpapier und Backbohnen belegen. Sie verhindern, dass der Boden schrumpft oder Blasen wirft. 10 Minuten blindbacken. Backbohnen und -papier entfernen.

Für den Belag Eier, Sahne und Käse verrühren. Schinken und Frühlingszwiebeln klein hacken und zusammen mit Spinat und Brokkoli (falls verwendet) in die Eiermischung rühren. Auf den Teigboden gießen und die Quiche auf der mittleren Schiene 30–40 Minuten backen, bis der Belag fest ist. Mit Thymian garnieren und servieren.

TIPP

Falls Sie es vertragen, servieren Sie dazu frisches Blattgemüse oder Gemüsesalat mit Sauerrahmdressing (siehe S. 163).

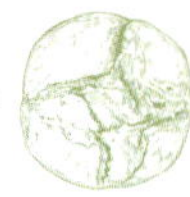

SANDWICHBRÖTCHEN AUS BRANDTEIG

Das Tolle an Brötchen aus Brandteig ist, dass sie keinen Zucker enthalten und eine prima Alternative zu Brot darstellen. Hier dienen sie als Sandwichbrötchen.

FÜR 6 STÜCK:

60 g Butter
250 ml Wasser
75 g glutenfreies Mehl
2 Eier
Schinken, Tomaten, Kartoffelsalat (siehe S. 84), Schnittlauchröllchen zum Servieren

Den Backofen auf 200 °C (Gas Stufe 6) vorheizen. Butter und Wasser in einem Topf aufkochen lassen. Das Mehl einrieseln lassen und dabei ununterbrochen rühren. Butter und Mehl dürfen sich nicht trennen.

Vom Herd nehmen und ca. 5 Minuten ruhen lassen. Die Eier einzeln dazugeben und jeweils gründlich einrühren. Es scheint zunächst, als würde niemals ein richtiger Teig entstehen, aber rühren Sie einfach weiter, denn plötzlich bindet der Teig zu einer festen Masse.

Ein Backblech mit Backpapier belegen. Mit einem Spritzbeutel (oder Löffel) 6 Kleckse mit reichlich Abstand daraufsetzen – sie gehen beim Backen fast zur doppelten Größe auf. Auf der mittleren Schiene 25–30 Minuten backen. Währenddessen KEINESFALLS die Ofentür öffnen, sonst fallen die Brötchen zusammen. Prüfen, ob die Brötchen durchgebacken sind, ehe Sie sie herausnehmen, sonst fallen sie ebenfalls zusammen. Auf einem Drahtgitter auskühlen lassen.

Die Brötchen halbieren, mit Schinken, Kartoffelsalat und Tomaten füllen, mit Schnittlauch bestreuen und servieren.

TIPP

Für eine süße Version die Brötchen mit Vanillecreme (siehe S. 126) füllen.

EIERSALAT-SANDWICH

Eiersalat schmeckt einfach lecker zu grünem Salat, ist aber auch eine gute Sandwichfüllung. Das Beste daran ist, dass er sehr leicht herzustellen ist!

FÜR 2 PERSONEN:

3½ EL Mayonnaise (siehe S. 162, oder fertig gekaufte)
3 EL lactosefreie saure Sahne oder lactosefreier Naturjoghurt
2 hart gekochte Eier
100 g Schinken, gehackt
1 Frühlingszwiebel (nur der grüne Teil)
Salz und Pfeffer nach Geschmack
Essig oder Zitronensaft (optional)
Focaccia (siehe S. 92) oder anderes glutenfreies Brot
1 Tomate, in Scheiben geschnitten
frischer Thymian zum Garnieren

Die Mayonnaise mit der sauren Sahne oder dem Joghurt verrühren.

Die hart gekochten Eier grob hacken und mit Schinken und Frühlingszwiebel (etwas davon für die Garnierung beiseitelegen) verrühren. Die Mayonnaisemischung unterheben, bis Eier und Schinken davon umhüllt sind.

Mit Salz und Pfeffer abschmecken. Um noch mehr Geschmack in den Salat zu bekommen, ein paar Tropfen Essig oder Zitronensaft hinzufügen. Die Focaccia mit Eiersalat und Tomate belegen, mit Frühlingszwiebel und Thymian bestreuen.

TIPPS

Den Schinken können Sie durch Garnelen oder Speck ersetzen.

Wenn Sie zum Eiersalat-Sandwich einen grünen Salat essen, brauchen Sie dafür kein extra Dressing.

VOLLKORNWAFFEL-SANDWICH

Diese Waffeln sind ein hervorragender Brotersatz, wenn Sie keines im Haus haben und ein schnelles Frühstück, Mittag- oder Abendessen brauchen. Sie können solo verspeist werden oder als Sandwich mit Schinken, Käse oder einer anderen Low-FODMAP-Füllung Ihrer Wahl.

FÜR 3–4 STÜCK:

2 Eier
150 ml lactosefreie Milch
50 g glutenfreies Mehl
40 g Buchweizenmehl
2½ EL Hafermehl
1 TL Backpulver
75 ml Öl
225 g Schinken, in Scheiben geschnitten
1 Portion Frischkäse (siehe S. 35)

In einer Schüssel Eier und Milch verquirlen. Mehle, Backpulver und Öl einrühren, bis keine Klümpchen mehr zu sehen sind. 10–15 Minuten gehen lassen.

Jeweils 1 Schöpfkelle Teig in einem Waffeleisen in 2–3 Minuten goldgelb backen.

Vor dem Servieren die Waffeln halbieren und mit Schinkenscheiben und Frischkäse füllen. Sie können warm oder kalt verspeist werden.

TIPPS

Sie können fertiges Hafermehl kaufen oder Haferflocken im Mixer zu Mehl mahlen.

Den Waffelteig können Sie am Vortag zubereiten. Falls er andickt, einfach etwas Milch dazugeben.

Am besten schmecken die Waffeln direkt aus dem Eisen.

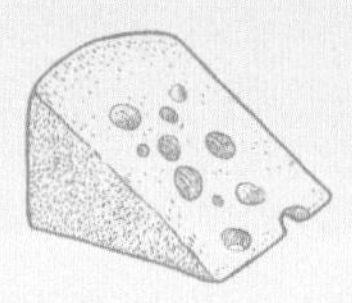

3

SNACKS & BEILAGEN

Ein Teil dieser Rezepte, etwa das Karottenpüree, sind prima Beilagen, andere sind nahrhafte Snacks für unterwegs und lassen sich gut in großen Mengen zubereiten, beispielsweise die Hafer-Energieriegel. Die salzigen Cracker sind besonders gut geeignet, wenn Sie nichts anders essen können.

HÄHNCHEN-KEBABS MIT SERRANO-SCHINKEN

Hähnchenhackfleisch ist nicht besonders geschmacksintensiv, durch die Kombination mit Serrano-Schinken sind diese Kebabs aber einfach köstlich!

FÜR 3–4 PERSONEN:

85 g Serrano-Schinken
400 g Hähnchenhackfleisch
1 Ei
60 ml lactosefreie Sahne
½ TL Chilipulver
½ TL Salz
½ TL Pfeffer
Kebabspieße aus Holz

Den Backofen auf 200 °C (Gas Stufe 6) vorheizen. Den Schinken klein hacken und gründlich mit dem Hackfleisch vermengen. Ei, Sahne und Gewürze untermischen und alles zu einem glatten Teig verkneten.

Eine kleine Portion als Test anbraten und den Fleischteig eventuell nachwürzen.

Jeweils 1 kleine Handvoll Fleischteig um 1 Spieß wickeln und in einer sehr heißen Pfanne rundum goldbraun braten.

Die Kebabs auf ein Backblech legen und im Ofen in 10–15 Minuten garen. Das Hackfleisch muss komplett durchgegart sein!

TIPPS

Den Fleischteig zu Würsten (ohne Spieße) formen – gebraten mit Pancakes (siehe S. 38) oder Reistortillas (siehe S. 80) servieren.

Serrano-Schinken kann durch Speck ersetzt werden.

REISTORTILLAS

Diese Reistortillas sind unglaublich schnell und leicht gemacht und ein toller Ersatz für Weizentortillas. Das Beste daran ist, dass Sie dafür nur eine einzige Sorte Mehl brauchen.

FÜR 4–5 STÜCK:

125 ml Wasser
1 TL Öl
¼ TL Salz
80 g Reismehl

Zum Servieren:
425 g Rinderhackfleisch
Taco-Gewürz (ohne Zwiebeln und Knoblauch!)
85 g Käse, gerieben
65–80 g Salsa
115 g lactosefreie saure Sahne oder lactosefreier Naturjoghurt
Eisbergsalat, in Streifen geschnitten
frische Korianderblätter

In einem kleinen Topf Wasser mit Öl und Salz aufkochen lassen. Kurz bevor es sprudelnd kocht, unter ständigem Rühren das Mehl dazugeben.

Sobald die Mischung gut verbunden ist, aus dem Topf nehmen und in 4–5 gleiche Portionen teilen. Jeweils zwischen zwei Backblechen flach pressen. Teigplatten von den Backblechen lösen und in einer Pfanne ohne Fett bei mittlerer bis hoher Hitze braten. Die Tortillas werfen beim Braten Blasen, aber das ist ganz normal, und sobald Sie sie aus der Pfanne nehmen, glätten sie sich wieder. Die fertigen Tortillas in einem sauberen Geschirrtuch warm halten.

Inzwischen in einer heißen Pfanne das Hackfleisch mit etwas Taco-Gewürz 2–3 Minuten anbraten. Hackfleisch, Salsa, Salat, Käse und Koriander auf den Tortillas verteilen.

TIPPS

Machen Sie die Tortillas nicht zu dünn und nicht zu groß. Sind sie zu dünn, werden sie trocken, und sind sie zu groß, wird es schwierig, sie von den Backblechen zu lösen!

Servieren Sie die Tortillas auch mal zu Aufläufen oder mit verschiedenen Dips.

FRÜHLINGSROLLEN

Da fertig gekaufte Frühlingsrollen fast immer Zwiebeln und Knoblauch enthalten, ist es großartig zu wissen, dass Sie sich Low-FODMAP-Versionen ganz einfach selbst machen können. Sie lassen sich auch gut einfrieren – bereiten Sie also ruhig eine größere Menge auf einmal zu.

FÜR 25–30 STÜCK:

Marinade:
140 g Ketchup
3 EL Balsamicocreme (siehe S. 164)
75 ml Olivenöl
1 EL Salz
1 EL Sojasauce
1 TL Pfeffer
1 TL Ingwer
1 TL Sesamöl
1 TL Cayennepfeffer
1–2 TL Chilipulver

Füllung:
1 Eisbergsalat oder anderer Salat
5–6 große Karotten
2–3 Frühlingszwiebeln, nur der grüne Teil (so viel Sie mögen und vertragen)
1 Pckg. Reisnudeln (375 g)
150–175 g Hackfleisch Ihrer Wahl

30 Frühlingsrollen-Teigblätter
Rapsöl oder anderes neutrales Öl zum Braten

Für die Marinade alle Zutaten verquirlen. Falls nötig, nachwürzen (sie wird durch die Kombination mit den anderen Zutaten milder). Die Nudeln in eine Schüssel geben und mit kochendem Wasser bedecken, 4–5 Minuten quellen lassen. Abgießen und mit kaltem Wasser abschrecken, dabei die Nudeln auseinanderziehen, damit sie nicht zusammenkleben. Karotten in dünne Scheiben schneiden, den Salat in dünne Streifen. Das Hackfleisch in einer Pfanne braten und mit Nudeln, Marinade, Salat, Karotten und Frühlingszwiebeln vermischen.

Die Teigblätter einzeln in eine Schüssel mit Wasser tauchen. Die feuchten Teigblätter nebeneinander auf eine nasse Platte legen. Wenn sie nach ca. 1 Minute weich und gelblich geworden sind, jeweils ca. 1 1/2 Esslöffel Füllung in der Mitte platzieren. Die Teigblätter dann einmal rollen, die Enden einschlagen und erneut rollen.

Braten: In einer Pfanne Rapsöl oder ein anderes neutrales Öl, das hohe Temperaturen verträgt, erhitzen. Die Frühlingsrollen darin portionsweise (nicht zu viele auf einmal!) 2–3 Minuten pro Seite braten.

SOMMERROLLEN

Als ich das letzte Mal in Frankreich war, wollte ich Sommerrollen probieren und kaufte mir eine zum Mittagessen – sie schmeckte sehr gut! Zu Hause wollte ich dann unbedingt etwas Ähnliches selbst machen.

FÜR 10–12 STÜCK:

250 g dünne Reisnudeln
12 große Frühlingsrollen-Teigblätter
10–12 große Salatblätter
1 Handvoll frische Minzblätter
20–24 Barbecue-Garnelen (siehe S. 114), Schinken, Hähnchen oder anderes gegartes Fleisch
2 Karotten, geraspelt

Die Reisnudeln in einer Schüssel 4–5 Minuten in kochendem Wasser einweichen. Abgießen und mit kaltem Wasser abschrecken, damit sie nicht zu sehr kleben. Die Teigblätter ebenfalls mit kaltem Wasser spülen und auf ein sauberes, nasses Geschirrtuch legen, damit sie weich werden. Sie dürfen nicht überlappen, damit sie nicht zusammenkleben.

Auf die Teigblätter jeweils 1 Salatblatt und ein paar Minzblätter legen. Darauf Reisnudeln, Gemüse und Garnelen oder Fleisch verteilen und die Teigblätter so fest wie möglich aufrollen. Mit Sojasauce zum Dippen servieren.

TIPPS

Als Füllung für diese Rollen können Sie alles verwenden, was Sie mögen und vertragen – nur Ihre Fantasie setzt Ihnen Grenzen! Wie wäre es mit Schweinefleisch, Schinken oder gebratener Entenbrust? Auch Reste lassen sich in den Röllchen köstlich verwerten.

Weil ich marinierte Garnelen mag, sind meine Sommerrollen etwas öliger und nicht so hell wie jene im Restaurant, aber sie schmecken himmlisch!

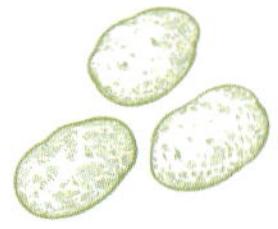

KARTOFFELSALAT

Dieser Kartoffelsalat ist so viel aromatischer als fertig gekaufter! Und am allerbesten schmeckt er, wenn er vor dem Servieren ein paar Stunden im Kühlschrank ziehen kann.

FÜR 3–4 PERSONEN:

7 mittelgroße Kartoffeln
¾ l lactosefreie saure Sahne
frischer Schnittlauch, gehackt

Die Kartoffeln in einem großen Topf mit Wasser bedecken und kochen, bis sie durchgegart sind. Abgießen und noch heiß schälen (das ist nicht unbedingt nötig, aber heiß lassen sie sich leichter schälen). Vollständig abkühlen lassen und dann in Würfel oder dicke Scheiben schneiden.

In einer Schüssel die saure Sahne gründlich mit dem Schnittlauch verrühren. Nach und nach die Kartoffeln unterrühren, sodass sie gleichmäßig überzogen werden. Bis zum Servieren in den Kühlschrank stellen.

TIPPS

Für eine mildere Variante 1 Esslöffel Mayonnaise (siehe S. 162) und 1 Prise Zucker hinzufügen.

Der Salat kann gut am Vortag zubereitet werden.

ZWEIERLEI KARTOFFELN

Die Kartoffel ist eine vielseitig verwendbare Knolle. Da trifft es sich doch super, dass sie auch low-FODMAP ist!

FÜR 4 PERSONEN:

Ofenkartoffeln:
2–3 rohe Kartoffeln pro Person
1½ TL Öl pro Kartoffel
Salz und Pfeffer
Kräuter der Provence

Bratkartoffeln:
2–3 rohe Kartoffeln pro Person
1½ TL Öl pro Kartoffel

Ofenkartoffeln: Den Backofen auf 200 °C (Gas Stufe 6) vorheizen. Die Kartoffeln waschen, abbürsten, trocknen und je nach Größe halbieren oder vierteln. Einen Bräter mit etwas Öl einfetten und die Kartoffeln im restlichen Öl wenden. Mit Salz, Pfeffer und Kräutern der Provence würzen und in 30–40 Minuten weich backen. Die Dauer kann von Ofen zu Ofen und abhängig von der Größe der Kartoffeln variieren.

Bratkartoffeln: Die Kartoffeln waschen, schälen und mit einem Geschirrtuch oder Küchenpapier trockentupfen. In Streifen oder Würfel schneiden. Das Öl in einer großen Pfanne auf mittlerer Stufe erhitzen und die Kartoffeln darin in 10–15 Minuten weich braten. Falls Ihnen die Bratkartoffeln zu fettig sind, auf Küchenpapier abtropfen lassen.

TIPPS

Sie können auch fein gehackte frische Kräuter verwenden, z. B. Rosmarin, Basilikum und Oregano.

Ein paar Karotten schälen, klein würfeln und zusammen mit den Kartoffeln anbraten.

Auch Fleisch- und Gemüsereste können Sie zu den Bratkartoffeln geben.

KAROTTENPÜREE

Karottenpüree ist eine leckere Beilage zu vielen Fleischgerichten und ein guter Saucenersatz. Ich serviere es häufig, wenn wir Gäste haben, und es kommt immer gut an. Unsere Gäste sind fasziniert von dem »Orange«, das so fabelhaft schmeckt!

FÜR 3–4 PERSONEN:

10 große Karotten
30–45 g Butter
1 Prise Salz oder gekörnte Gemüsebrühe (ohne Zwiebeln)
2 EL lactosefreie saure Sahne oder lactosefreier Naturjoghurt
Thymian oder andere frische Kräuer zum Garnieren

Die Karotten schälen und grob in Stücke schneiden. In einen mittelgroßen Topf geben und mit Wasser aufgießen. Bei mittlerer Hitze in ca. 15 Minuten weich kochen. Das Wasser abgießen und die Karotten mit einem Stabmixer pürieren. Butter, Salz oder Gemüsebrühe sowie saure Sahne oder Naturjoghurt dazugeben und alles gründlich verrühren. Mit Thymian oder anderen frischen Kräutern garniert servieren.

TIPP

Sie können in das Püree auch Hähnchen- oder anderes Fleisch mischen.

SAUTIERTE GRÜNE BOHNEN MIT KAROTTEN UND SPECK

Dieses Gericht passt als Beilage hervorragend zu jeder Art von Fleisch.

FÜR 2–3 PERSONEN:

100 g Speck
Butter zum Braten
100 g grüne Bohnen, blanchiert
4 Karotten
1 Frühlingszwiebel (nur der grüne Teil)

Den Speck in mundgerechte Stücke schneiden und in einer Pfanne mit etwas Butter braten. Herausnehmen und auf Küchenpapier abtropfen lassen. Das Frühlingszwiebelgrün hacken und die Karotten in Stifte schneiden. Bohnen, Karotten und Frühlingszwiebel in die Pfanne geben und ca. 5–10 Minuten braten.

TIPPS

Falls Sie keinen Speck verwenden, sollten Sie das Gemüse etwas salzen.

Grüne Bohnen sind bis zu 50 Gramm low-FODMAP. Wenn Sie sehr empfindlich auf Polyole sind, reagieren Sie eventuell leicht darauf. Dann nur wenige Bohnen oder ausschließlich Karotten nehmen.

FOCACCIA

Für dieses Focaccia-Rezept bereite ich einen glutenfreien Pizzateig. Ich forme die Focaccia zu einem einzigen langen Fladenbrot, Sie können aber auch mehrere kleine Fladen backen.

FÜR 1 MITTELGROSSES FLADENBROT ODER 4 KLEINE FLADENBROTE:

300 ml lactosefreie Milch
300 g lactosefreie saure Sahne oder lactosefreier Naturjoghurt
1 TL extrafeiner Zucker
2 EL Olivenöl
2 TL aktive Trockenhefe
375–450 g glutenfreies Mehl
1 EL Flohsamenschalen (online erhältlich)
½ TL Hirschhornsalz
Olivenöl, Meersalz und Rosmarin zum Garnieren
Balsamicocreme (siehe S. 164), Olivenöl und Mayonnaise (siehe S. 162) zum Servieren

In einem großen Topf Milch und saure Sahne oder Joghurt sanft erhitzen. Zucker, Öl und Hefe dazugeben und verquirlen, bis sich die Hefe aufgelöst hat. Mehl, Flohsamenschalen und Hirschhornsalz in eine große Schüssel oder in die Küchenmaschine sieben. Die Milchmischung angießen und alles gründlich verkneten. Den Teig an einem warmen, trockenen Platz 1 Stunde gehen lassen.

Für eine große Focaccia den Teig in eine Brotbackform geben und mit den Fingerspitzen flache Mulden hineindrücken. 1 weitere Stunde gehen lassen.

Für kleine Fladen den Teig vierteln, die Stücke zu kleinen Laiben formen und auf ein gefettetes Backblech legen. Mit den Fingerspitzen flache Mulden hineindrücken. 1 weitere Stunde gehen lassen.

Ist der Teig aufgegangen, den Backofen auf 210 °C (Gas Stufe 6½) für eine große Focaccia bzw. auf 220 °C (Gas Stufe 7) für vier Fladen vorheizen. Etwas Olivenöl, Salz und grob gehackten Rosmarin auf die Brote geben.

Die große Focaccia in 30–40 Minuten goldbraun backen. Die kleinen Brote brauchen 20–25 Minuten. Vor dem Servieren mit 2 Esslöffeln Balsamicocreme beträufeln, Olivenöl und Mayonnaise dazu reichen.

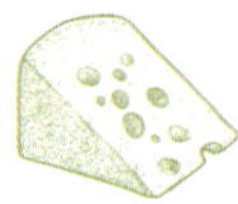

PIKANTE MUFFINS MIT KAROTTEN, SCHINKEN UND KÄSE

Dies war eines der ersten Rezepte, die ich im Zuge der Low-FODMAP-Diät zubereitete. Seitdem mache ich die Muffins häufig. Diese Version gehört für mich zu den besten!

FÜR 10–12 STÜCK:

4 Eier
125 ml Oliven- oder Sonnenblumenöl
115 g lactosefreier Naturjoghurt
60 g Hafermehl
50 g glutenfreies Mehl
2 TL Zucker
1 TL Backsoda
55 g Karotten, geraspelt
1 TL getrockneter Oregano oder Kräuter der Provence
70 g Schinken, klein gewürfelt, oder Speck, gehackt
Käse, gerieben

Den Backofen auf 200 °C (Gas Stufe 6) vorheizen. Die Eier verschlagen, mit Öl und Joghurt verquirlen. Mehle, Zucker, Backsoda, Karotten, Kräuter sowie Schinken oder Speck unterrühren. Papiermanschetten in die Mulden einer Muffinform setzen und den Teig hineingießen (nicht zu hoch füllen!). Käse darüberstreuen.

Die Muffins auf der mittleren Schiene des Backofens 16–18 Minuten backen.

Anmerkung: Sie können fertiges Hafermehl nehmen oder Ihr eigenes machen: einfach Haferflocken im Mixer fein mahlen.

TIPPS

Die Muffins sind der perfekte Proviant auf Ausflügen!

Papiermanschetten (zum Backen und Transportieren der Muffins) selbst machen: Backpapierstücke um ein Glas in der passenden Größe drücken und in die Mulden der Form setzen.

HAFER-ENERGIERIEGEL

Dieses Rezept entstand vor einer Blog-Reise nach Marokko. Aus Angst, dort krank zu werden, erfand ich einen Energieriegel, den ich in meiner Handtasche transportieren konnte.

FÜR 8 MITTELGROSSE STÜCK:

2 EL Haferflocken
2 EL Cheerios™-Cerealien
4 EL Sonnenblumenkerne
4 EL Kürbiskerne
4 EL Pinienkerne
2 EL Zucker
3½ EL Öl
1 Ei
4 EL lactosefreie Kuvertüre, gehackt

Kürbis-, Sonnenblumen- und Pinienkerne sind bis zu einer Menge von 65–100 Gramm low-FODMAP. Da einer dieser Riegel nicht mehr als 65 Gramm enthält, sollten Sie sie gut vertragen. Cheerios sind nicht zu 100 Prozent glutenfrei. Falls Sie unter Zöliakie leiden, können Sie sie durch glutenfreie Haferflocken ersetzen.

Den Backofen auf 160 °C (Gas Stufe 3) vorheizen. Alle Zutaten in eine große Schüssel geben und gründlich vermischen. Die Mischung löffelweise auf ein mit Backpapier belegtes Backblech setzen. Die Kleckse leicht in Riegelform drücken und auf der mittleren Schiene 25–30 Minuten backen.

Die Energieriegel schmecken gut durchgebacken, fast schon verbrannt, am besten, weil sie dann am knusprigsten sind und das nussige Aroma der Kerne zur Geltung kommt. Luftdicht verschlossen halten sie sich bis zu 2 Wochen.

TIPPS

Zum Transportieren die Riegel in einen mit Backpapier ausgelegten Behälter packen, damit sie nicht zerbrechen.

Schnelles Frühstück für unterwegs: 1 Energieriegel zerbröseln und in lactosefreien Joghurt rühren.

CROÛTONS

Wie die meisten Menschen, die sich glutenfrei ernähren, wissen, trocknet weizenfreies Brot häufig aus, ehe der Laib aufgegessen ist. Hier ist eine Möglichkeit, »altes« glutenfreies Brot zu veredeln!

glutenfreies Brot
Öl

Das Brot klein würfeln und in einer Pfanne bei hoher Hitze im Öl rundum anbraten. Sobald die Croûtons goldbraun und kross sind, herausnehmen und das überschüssige Öl auf Küchenpaper abtropfen lassen.

KNÄCKEBROT

Glutenfreies Brot auf Reisen mitzunehmen, kann schwierig sein, da es leider schnell altbacken schmeckt. Machen Sie daraus Knäckebrot, so haben Sie genug Vorrat für einen ganzen Urlaub!

glutenfreies Brot, möglichst dünn aufgeschnitten

Den Backofen auf 80–100 °C (Gas Stufe ¼) vorheizen. Die Brotscheiben nebeneinander (nicht überlappend) auf ein Backblech legen. Je nach Ofengröße können Sie mehrere Bleche gleichzeitig hineinschieben.

Das Brot 2–3 Stunden trocknen, je nach Dicke der Scheiben. Dabei ab und zu die Ofentür öffnen, damit die Feuchtigkeit entweichen kann.

Wenn das Brot vollständig getrocknet ist, herausnehmen und auf den Blechen auskühlen lassen. Luftdicht verschlossen hält sich das Knäckebrot mehrere Wochen.

SALZIGE CRACKER

Sie schmecken sowohl solo als auch mit Butter oder Käse!

FÜR 25–30 STÜCK:

265 g glutenfreies Mehl
½ TL Backpulver
45g Parmesan, gerieben
115 g Butter
2 Eier (plus 1 Ei zum Bepinseln der Cracker)
Wasser
Meersalzflocken

Den Backofen auf 200 °C (Gas Stufe 6) vorheizen. Mehl und Backpulver in eine große Schüssel sieben, den Parmesan dazugeben und alles verrühren. Die Butter mit den Fingerspitzen in diese trockene Mischung kneten, bis sich ein Teig bildet. 2 Eier leicht verschlagen und dazugeben. Den Teig behutsam kneten. Falls er Ihnen zu trocken erscheint, etwas Wasser unterkneten, bis ein glatter Teig entsteht.

Ein Backblech mit Backpapier belegen. Jeweils ca. 2 Esslöffel Teig direkt auf dem Backpapier dünn ausrollen. Die Cracker mit 1 leicht verquirlten Ei bepinseln, mit einer Gabel einstechen und 1 großzügige Prise Meersalzflocken darüberstreuen. Bestreichen Sie die Cracker erst kurz bevor Sie sie in den Ofen schieben, sonst werden sie nicht knusprig genug.

Die Cracker auf der mittleren Schiene in 4–6 Minuten kross und goldbraun backen.

Luftdicht verschlossen halten sich die Cracker etwa 1 Woche.

TIPP

Wenn Sie sich vor allem ekeln und nichts herunterbringen, aber etwas Nahrhaftes brauchen, können diese Cracker lebensrettend sein!

4

HAUPTGERICHTE

Auch beim Abendessen müssen Sie auf nichts verzichten! Curry, Pizza und Pasta stehen nach wie vor auf der Speisekarte, genauso leckere Versionen von Klassikern wie Lasagne und Bœuf Stroganoff.

SELBST GEMACHTE NUDELN

Als ich anfing, glutenfreie Nudeln selbst zu machen, war ich mir nicht sicher, ob sie mir gelingen würden. Ich befürchtete, glutenfreier Pastateig könnte nicht elastisch genug sein oder verklumpen. Zu meiner Überraschung war die Herstellung aber recht einfach.

FÜR 2 PERSONEN:

115 g glutenfreies Mehl, plus etwas zum Kneten und Bestäuben
1 großes Ei
1 EL Öl

Das Mehl in eine große Schüssel sieben, in die Mitte eine Mulde drücken und Ei und Öl hineingeben. Das Mehl nach und nach in die Flüssigkeit heben, dabei in der Mitte rühren. Nicht aufgeben, auch wenn der Teig anfangs nicht glatt wird oder sich Klumpen bilden, Sie können diese herauskneten. Auf einer leicht bemehlten Arbeitsfläche in ein paar Minuten zu einem glatten, aber recht kompakten Teig kneten. In einen Plastikbeutel geben und 20 Minuten ruhen lassen.

Die Nudelmaschine aufbauen. Eine Portion Teig flach drücken, in die Maschine geben und langsam die Kurbel betätigen. Mit der »offensten« Einstellung beginnen, dann nach und nach schmalere Stufen wählen und jeweils die Teigplatte durchkurbeln, bis diese die gewünschte Stärke hat. Ich höre bei Stufe 6 auf.

Die Teigplatte durch die Schneidwalze (Einstellung für Tagliatelle) drehen. Den Teig mit reichlich Mehl bestäuben, damit es leichter geht.

Frische Nudeln müssen 2–4 Minuten kochen, je nach Dicke und gewünschter Konsistenz.

TIPPS

Falls Sie keine Nudelmaschine haben, den Teig mit dem Nudelholz dünn ausrollen und mit einem Messer in Streifen schneiden.

Übrige ungekochte Nudeln können Sie 1 Stunde auf der Arbeitsfläche trocknen. Luftdicht verschlossen halten sie 2–3 Tage im Kühlschrank.

MARCATO

LASAGNE

Meine Familie liebt diese Lasagne. Sie lässt sich gut tiefkühlen, ob als Ganzes oder in Einzelportionen. So hat man unter der Woche immer eine schnelle Mahlzeit parat.

FÜR 5–6 PERSONEN:

Béchamelsauce:
siehe S. 153

Hackfleischsauce:
2 EL Öl, plus 1 TL zum Einfetten
55 g Karotte, geraspelt
450 g Rinderhackfleisch
100 g Tomatenmark
1 Dose Tomaten in Stücken (400 g)
100–150 ml Wasser
1½ TL Zucker
1 TL frischer Ingwer, gerieben
2 TL getrocknete italienische Kräuter (Oregano, Thymian, Basilikum)
1 TL Cayennepfeffer
1–1½ TL Salz
225 g Reisblätter oder andere glutenfreie Lasagneblätter
150–200 g milder Emmentaler, gerieben
frisches Basilikum zum Servieren

Den Backofen auf 200 °C (Gas Stufe 6) vorheizen. In einer Pfanne auf mittlerer Hitze 2 Esslöffel Öl erhitzen, Karottenraspel und Rinderhack darin braten. Tomatenmark, Tomaten und Wasser dazugeben. Zucker, Ingwer, Kräuter, Cayennepfeffer und Salz hinzufügen und abschmecken. Ich mag die Sauce leicht salzig und scharf, damit die Lasagne schön ausgewogen schmeckt.

Eine ofenfeste Auflaufform (28 cm Durchmesser) einölen. Béchamelsauce, Hackfleischsauce und Lasagneblätter einschichten und zum Schluss den Käse darüberstreuen. Auf der unteren Schiene ca. 30 Minuten backen.

TIPPS

Emmentaler, Gouda und andere Hartkäsesorten sind arm an Lactose, Sie brauchen also keinen speziellen lactosefreien Käse.

Zur Lasagne können Sie einen Salat oder Brot, beispielsweise Focaccia (siehe S. 92), servieren.

WEISSE PIZZA MIT HÄHNCHEN

Viele sind daran gewöhnt, Pizza mit Tomatensauce zu bestreichen, bei dieser Version verzichte ich jedoch darauf, wodurch der Boden noch knuspriger wird. Sie können die Pizza natürlich auch mit Tomatensauce machen, dann sollten Sie aber den Käse darauf und nicht darunter verteilen.

FÜR 3–5 STÜCK:

Pizzaboden:
siehe Focaccia, S. 92
glutenfreies Mehl zum Bestäuben

Belag:
3–4 EL Ketchup
1 TL Balsamicocreme (siehe S. 164)
1–2 TL Salz
1–2 TL Pfeffer
Cayennepfeffer (nach Geschmack)
1–2 Hähnchenbrüste ohne Haut und Knochen
250 g Hartkäse, gerieben
225 g Speck, gehackt
frischer Thymian oder Frühlingszwiebeln (nur der grüne Teil)

Den Focaccia-Teig wie auf Seite 92 beschrieben herstellen.

Den Backofen auf 220 °C (Gas Stufe 7) vorheizen. Etwa 75 Gramm Mehl auf die Arbeitsfläche streuen und den Teig darauf glatt kneten. Da glutenfreier Teig sehr klebrig und schwer auszurollen ist, am besten die Hände mit etwas Öl einfetten und den Teig auf einem eingefetteten oder mit Backpapier ausgelegten Backblech zu 3 bis 5 kleinen Pizze formen. (Die Menge hängt von der Dicke ab. Sie können auch eine einzige große Pizza machen.) Etwa 30 Minuten gehen lassen.

Die Pizzaböden auf der mittleren Schiene 4–5 Minuten vorbacken.

Für den Belag Ketchup, Balsamicocreme und Gewürze zu einer Marinade verrühren. Das Hähnchenfleisch in Stücke schneiden und in die Marinade geben. Ein paar Minuten ziehen lassen. Den Käse auf die Teigplatten streuen, dann das marinierte Hähnchenfleisch und die Speckstücke darauf verteilen.

Die Pizze 14–18 Minuten backen, bis der Käse geschmolzen und das Fleisch durchgegart ist. Vor dem Servieren mit Thymian oder klein geschnittenen Frühlingszwiebeln bestreuen.

CHILI-RINDFLEISCH-NUDELN

Reisnudeln bekommt man in den meisten Supermärkten. Sie sind delikat und preiswert, und ich ziehe sie anderen glutenfreien Nudeln vor!

FÜR 4 PERSONEN:

250 g Reisnudeln
450 g Rinderlende
1 Portion Grillsauce (siehe S. 160)
Butter zum Braten
Salz
Pfeffer
3 Karotten
1 Frühlingszwiebel (nur der grüne Teil)
1 TL frischer Ingwer, gerieben
3 Eier
½ TL Chilipulver
Thymian oder andere frische Kräuter

Die Reisnudeln ca. 30 Minuten in lauwarmem Wasser einweichen. Das Fleisch in Stücke schneiden, mit der Grillsauce vermischen und mindestens 30 Minuten marinieren.

Das Fleisch in etwas Butter, Salz und Pfeffer braten – ganz nach Wunsch medium oder durchgegart – und auf einen Teller geben. Karotten schälen, waschen und wie die Frühlingszwiebel klein schneiden. Beides 1–2 Minuten in etwas Butter anbraten. Fleisch, Nudeln und Ingwer gründlich untermischen.

Die Eier verschlagen, dazugeben und rühren, bis sie stocken. Mit Salz, Pfeffer und Chilipulver abschmecken und mit Thymian garnieren.

TIPPS

Die Reisnudeln können Sie durch gekochten Reis ersetzen. Und geben Sie ruhig auch anderes Gemüse, das Sie gut vertragen, dazu.

Das Rindfleisch können Sie am Vortag vorbereiten, sodass es über Nacht marinieren kann.

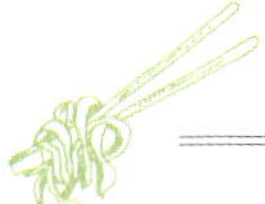

CARBONARA-REISNUDELN

Dieses schnelle und schmackhafte Gericht für jeden Tag ist immer ein großer Erfolg, bei Alt wie Jung!

FÜR 3–4 PERSONEN:

½ Portion Béchamelsauce (siehe S. 153)
300–400 g Schinken, in kleine Würfel geschnitten, oder Speck, gehackt
250 g Reisnudeln
2 EL Parmesan, gerieben

Die Béchamelsauce herstellen und Schinken oder Speck einrühren. In einem Topf Wasser zum Kochen bringen, die Reisnudeln hineingeben, vom Herd nehmen und die Nudeln 4–5 Minuten ziehen lassen.

Die Nudeln abgießen, die Sauce daraufgeben und mit Parmesan bestreuen.

TIPPS

Für einen Auflauf die Béchamel-Nudel-Mischung in eine ofenfeste Form geben, mit Käse bestreuen und bei 200 °C (Gas Stufe 6) 10–15 Minuten backen, bis der Käse geschmolzen ist.

Carbonara-Crêpes (Crêperezept siehe S. 40): Auf die Crêpes etwas Béchamel-Schinken-Sauce geben, aufrollen und in eine Auflaufform legen. Mit geriebenem Käse bestreuen und bei 200 °C (Gas Stufe 6) ca. 10 Minuten backen, bis der Käse geschmolzen ist.

GEBACKENER KABELJAU MIT PESTO UND SERRANO-SCHINKEN

Meiner Mutter gebührt die Ehre, dieses Gericht erfunden zu haben. Sie bereitet es zwar mit Seeteufel zu, aber Kabeljau ist ebenfalls eine gesunde und köstliche Option.

FÜR 2 PERSONEN:

2 Kabeljau- oder Seeteufelfilets à 175 g (oder anderer Fisch mit weißem Fleisch)
1 Portion Basilikum-Pesto (siehe S. 164)
100–150 g Serrano-Schinken
Pfeffer

Den Backofen auf 200 °C (Gas Stufe 6) vorheizen. Die Fischfilets in eine ofenfeste Auflaufform legen, mit reichlich Pesto bestreichen und auf der unteren Schiene ca. 15 Minuten backen, bis sie vollständig durchgegart sind. Wenn Sie tiefgekühlten Fisch nehmen, erhöht sich die Backzeit auf 25–30 Minuten.

Den Serrano-Schinken klein hacken und in einer Pfanne bei mittlerer Hitze kross anbraten.

Den Fisch auf einen Teller legen, mit Schinken bestreuen und Pesto sowie die Flüssigkeit aus der Auflaufform darübergießen. Eine weitere Sauce ist nicht nötig.

TIPS

Statt Serrano-Schinken können Sie Speck nehmen.

Serrano-Schinken ist zwar low-FODMAP, aber einige Menschen reagieren auf geräuchertes Fleisch empfindlich.

BARBECUE-GARNELEN

Eines der Dinge, die ich bei der Low-FODMAP-Diät am meisten vermisse, sind in Knoblauch marinierte Garnelen. Aber mit einem kleinen Kniff können Sie eine Low-FODMAP-Version selbst machen!

FÜR 1 PERSON:

250 g große Garnelen
1 Portion Grillsauce (siehe S. 160)
1 TL getrocknete Chiliflocken
3 EL plus 1 TL Olivenöl
1 TL Ingwer, gerieben
1 Prise Salz

Die Garnelen schälen, die Därme entfernen und die Garnelen mit Küchenpapier trocken tupfen. Mit der Barbecuesauce und den Chiliflocken vermischen, dann Olivenöl und Ingwer hinzufügen. Die Garnelen im Kühlschrank ein paar Stunden oder über Nacht marinieren.

Den Backofen auf 200 °C (Gas Stufe 6) vorheizen. Die Garnelen in eine ofenfeste Form geben und auf der mittleren Schine ca. 10 Minuten backen.

TIPPS

Servieren Sie die Garnelen als Tapas, als Vorspeise oder als Beilage für 2–3 Personen.

Braten Sie die Garnelen auch einmal kurz in einer Grillpfanne an, geben Sie gekochten Reis dazu und braten Sie die Mischung auf hoher Hitze. Diese Variante habe ich in Hawaii entdeckt, und inzwischen ist sie eines unserer Lieblingsgerichte!

HÄHNCHENAUFLAUF

Dieses Gericht ist an einem kalten Wintertag wunderbar wärmend. Und das Beste daran ist, dass es sich quasi »von selbst« kocht (jedenfalls nachdem Sie das ganze Gemüse gewaschen und geschält haben).

FÜR 4 PERSONEN:

5 Karotten
1 rote Paprikaschote
1 Kürbis
1 Aubergine
½ Brokkoli (nur die Röschen)
2 Frühlingszwiebeln (nur der grüne Teil)
10 Kartoffeln
1 Dose Tomaten in Stücken (400 g)
1 TL frischer Ingwer, gerieben
1 TL Zucker
1 TL Austernsauce
1 EL Sojasauce
1 TL Salz
½ TL Pfeffer
½ TL Cayennepfeffer
ca. 800 g große Hähnchenstücke (mit Knochen)

Das Gemüse waschen, schälen und in große Stücke schneiden. Mit allen restlichen Zutaten – außer dem Hähnchen – vermengen und in eine ofenfeste Auflaufform füllen.

Die Hähnchenstücke mit Salz und Pfeffer einreiben und auf das Gemüse geben. Die Form in den kalten Ofen (untere Schiene) schieben und die Temperatur auf 200 °C (Gas Stufe 6) schalten. Den Auflauf 1¼ Stunden backen.

TIPPS

Der Auflauf schmeckt hervorragend mit Reis.

Das Hähnchen können Sie durch anderes Fleisch ersetzen. Falls Sie Rindfleisch verwenden, bei 200 °C (Gas Stufe 6) 2–2½ Stunden backen – so wird es schön zart!

Das Gemüse können Sie variieren – je nachdem, was Sie vorrätig haben und was Sie vertragen.

WÄRMENDER RINDFLEISCHEINTOPF

Wenn es draußen regnerisch und kalt ist, geht nichts über einen warmen Eintopf!

FÜR 2–3 PERSONEN:

500 g Rinderschmorbraten
30 g Butter oder Öl zum Braten
225 g Karotten, geraspelt
3 Karotten, in Scheiben geschnitten
115 g Fenchel, geraspelt
300 ml Wasser
1 EL Sojasauce
1 TL Paprikapulver
½ TL Cayennepfeffer
½ TL Salz (nach Geschmack)
frische Petersilie, gehackt
gekochte Kartoffeln

Das Rindfleisch in 2,5 Zentimeter große Würfel schneiden. Butter oder Öl in einen großen Topf geben und geraspelte Karotten und Fenchel darin bei mittlerer Hitze 1–2 Minuten anbraten. Das Fleisch dazugeben und braun braten. Das Wasser über das Fleisch gießen.

Sojasauce, Karottenscheiben, Paprikapulver, Cayennepfeffer und Salz hinzufügen. Den Deckel auflegen und 2–3 Stunden köcheln lassen.

Abschmecken und die Petersilie darüberstreuen. Mit gekochten Kartoffeln servieren.

WÜRZIGES LAMMCURRY

Die indische Küche gehört zu den besten, die ich kenne, aber die meisten indischen Köche verwenden reichlich Zwiebeln. Zum Glück ist es möglich, ein wirklich gutes Curry ohne Zwiebeln selbst zu kochen. Da manche sehr scharfes Essen mögen und auch gut vertragen und andere nicht, dosieren Sie Chili- und Cayennepfeffer entsprechend.

FÜR 2–3 PERSONEN:

Curry-Gewürzmischung:
4 TL Zimtpulver
4 TL Koriander, gemahlen
4 TL Kreuzkümmel, gemahlen
4 TL Paprikapulver
4 TL Kurkuma
4 TL Ingwer
2 TL Gewürznelken, zerstoßen
4 TL Kardamom
4 TL Chilipulver
4 TL Cayennepfeffer
3 TL Zucker
4 TL Salz

325 g Karotten, geraspelt
450 g Lammfleisch, in 2,5 cm große Würfel geschnitten
30 g Butter oder Öl zum Braten
4–5 TL Curry-Gewürzmischung
3 TL Tomatenmark
475 ml Kokosmilch (ultrahocherhitzt)
50 ml Wasser
gekochter Reis als Beilage
gehackter frischer Koriander zum Servieren

Für die Curry-Gewürzmischung alle Zutaten zusammen in einer Gewürzmühle oder Küchenmaschine fein mahlen. Das Rezept ergibt mehr, als Sie für dieses Gericht brauchen, die Gewürzmischung hält sich in einem Einmachglas ein paar Wochen.

In einem großen Topf Karotten und Lammfleisch in der Butter oder im Öl braun braten. Gewürzmischung (Menge nach Wunsch) und Tomatenmark dazugeben und 1–2 Minuten anbraten. Kokosmilch und Wasser angießen, einmal aufkochen lassen. Dann den Deckel auflegen und das Curry bei niedriger Hitze 2–3 Stunden köcheln lassen.

Abschmecken und mit Reis und etwas Koriandergrün servieren.

FLEISCHBÄLLCHEN IN TOMATENSAUCE

Ich kenne niemanden, der dieses Gericht nicht mag, aber Kinder lieben es ganz besonders. Aus dem Fleischteig können Sie auch Frikadellen machen und mit Focaccia (siehe S. 92) leckere Hamburger zaubern.

FÜR 3–4 PERSONEN:

450 g Schweinefleisch, vorzugsweise mit etwas Fett
1 TL Salz
1 TL Chilipulver
1 TL Ingwerpulver
1 Ei, verschlagen
50 g lactosefreie Sahne
Tomatensauce (siehe S. 158)
frischer Thymian zum Garnieren

Das Fleisch klein schneiden, mit Salz und Gewürzen vermischen. In der Küchenmaschine fein zerkleinern. Falls Sie einen Fleischwolf haben, können Sie natürlich auch diesen verwenden. Ei und Sahne einrühren.

Fleischbällchen formen und in einer Pfanne bei mittlerer Hitze 5–6 Minuten braten. Die Tomatensauce zubereiten, die Fleischbällchen hineingeben und 3–4 Minuten köcheln lassen.

TIPPS

Sie können natürlich auch bereits vom Metzger durchgedrehtes Schweinehackfleisch verwenden.

Servieren Sie dazu Reisnudeln, Reis, Pellkartoffeln oder Kartoffelpüree.

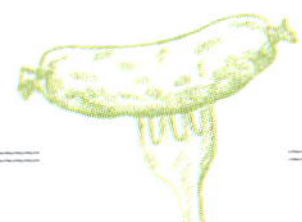

WÜRSTCHEN À LA STROGANOFF

Dieses Gericht ist Bœuf Stroganoff sehr ähnlich, nur mit Würstchen statt Rindfleisch. Eine üppige, sättigende Mahlzeit.

FÜR 3–4 PERSONEN:

450 g Würstchen (ohne Zwiebeln und Knoblauch)
100 g Tomatenmark
350–600 ml lactosefreie Milch
ca. ½ TL Salz (je nachdem, wie salzig die Würstchen sind)
½–1 TL Cayennepfeffer
frischer Rosmarin zum Garnieren

Die Würstchen in kleine Stücke schneiden und in einer heißen Pfanne kurz anbraten. Das Tomatenmark unterrühren und kurz mit anbraten. Unter ständigem Rühren nach und nach die Milch, immer nur eine kleine Menge, angießen, bis eine dicke Tomatensauce entsteht.

Mit Salz und Cayennepfeffer abschmecken und mit Rosmarin garnieren.

TIPPS

Etwas milder wird die Sauce, wenn Sie kurz vor dem Servieren 50 Milliliter lactosefreie Sahne einrühren.

Mit Reisnudeln, glutenfreien Nudeln oder Reis als Beilage wird das Gericht noch gehaltvoller.

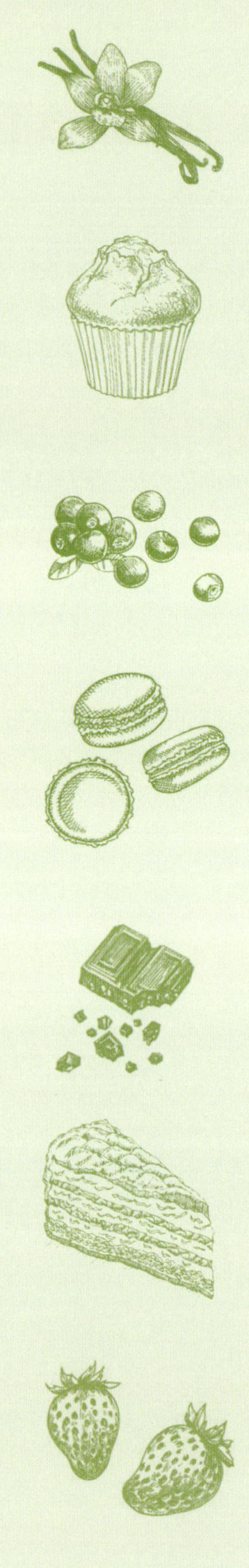

5

SÜSSES

Geben Sie Ihrer Lust auf Süßes nach, ohne sich schlecht zu fühlen! Machen Sie Ihre eigene Vanillecreme zu Sommerfrüchten und einen Schokomousse-Kuchen, der auf der Zunge zergeht. Und die Zitronenmuffins sind ein prima Gastgeschenk bei Einladungen.

VANILLECREME

Diese köstlich-sahnige Vanillecreme passt wunderbar zu allen Arten von Früchten, Kuchen und Desserts.

FÜR 2 PERSONEN:

125 ml lactosefreie Milch
½ TL Vanillezucker oder
1 Vanilleschote
1 EL Zucker
1 Eigelb
½ EL Maisstärke
125 ml lactosefreie Sahne

Milch, Vanillezucker (oder aus der Schote herausgekratztes Vanillemark) und Zucker in einem Topf zum Kochen bringen.

In einer Schüssel Eigelb und Maisstärke verquirlen. Die heiße Milch angießen, die Mischung zurück in den Topf geben und unter Rühren sanft erhitzen, bis sie andickt. Nicht kochen lassen! Abkühlen lassen und dann nach und nach die Sahne unterquirlen, bis die gewünschte Konsistenz erreicht ist.

MILCHREIS

In meiner schlechtesten Zeit war Milchreis das Einzige, das ich essen konnte. Zum Glück ist er low-FODMAP – solange Milch und Sahne lactosefrei sind. Nehmen Sie für dieses Rezept normalen Reis, keinen Schnellkochreis.

FÜR 2 PERSONEN:

150 g lactosefreie Sahne
1–2 TL Vanillezucker
2–3 EL Puderzucker
475 g Milchreis, mit lactosefreier Milch gekocht
Blaubeerkompott (siehe S. 128)

Sahne mit Vanille- und Puderzucker steif schlagen und behutsam unter den Milchreis heben. Falls gewünscht, mit weiterem Puderzucker süßen. Mit Blaubeerkompott servieren.

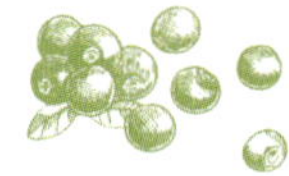

BLAUBEERKOMPOTT

Blaubeeren wirken extrem beruhigend auf Magen und Darm. Ich mixe mir bei Bauchproblemen manchmal aus etwas Blaubeerkompott und Wasser einen Drink. Bei über 60 Gramm sind Blaubeeren allerdings high-FODMAP.

FÜR 3–4 PERSONEN:

120 g tiefgekühlte Blaubeeren
25–40 g extrafeiner Zucker

Die gefrorenen Blaubeeren und Zucker (Menge nach Geschmack) in einen kleinen Topf geben, zum Kochen bringen und ein paar Minuten köcheln lassen, bis die Mischung zu einem dicken Kompott einreduziert ist.

ERDBEERSORBET

FÜR 3–4 PERSONEN:

75 ml Wasser
100 g extrafeiner Zucker
300 g Erdbeeren
1 TL Vanillezucker
1 Eiweiß

Für den Sirup das Wasser aufkochen lassen, vom Herd nehmen, den Zucker einrühren und abkühlen lassen. Die Erdbeeren putzen, waschen und grob hacken. Zusammen mit Vanillezucker im Mixer pürieren, dann den Sirup einrühren.

In einer separaten Schüssel das Eiweiß steif schlagen. Den Eischnee behutsam unter die Erdbeermischung heben. In der Eismaschine oder in einem flachen Behälter im Tiefkühlfach gefrieren, bis das Sorbet fest geworden ist. Dabei alle paar Stunden mit einer Gabel durchrühren.

CRÈME BRÛLÉE

Dieser Dessert-Klassiker ist ein Knaller bei Dinnergästen. Viele denken, diese Leckerei sei schwierig zu machen, das stimmt aber nicht – probieren Sie es aus!

FÜR 5 STÜCK:

300 g lactosefreie Sahne
3 Eigelbe
½ TL Vanillepulver
1 EL Zucker
75 g brauner Zucker zum Karamellisieren

Den Backofen auf 150 °C (Gas Stufe 2) vorheizen. In einem mittelgroßen Topf die Sahne kurz aufkochen lassen. Eigelbe, Vanillepulver und Zucker verquirlen und unter ständigem Rühren in die heiße Sahne gießen.

Die Creme auf 5 ofenfeste Auflaufförmchen verteilen, die auf einem Backblech stehen. Heißes Wasser auf das Blech gießen – die Förmchen sollten ca. 1 cm tief im Wasser stehen. Die Crème brûlée im Ofen 30–40 Minuten stocken lassen.

Aus dem Ofen nehmen und abkühlen lassen. Jeweils eine dünne Schicht braunen Zucker auf die Creme streuen und den Zucker mit einem Handgasbrenner schmelzen, bis sich eine karamellisierte, harte Schicht bildet. Alternativ den Zucker unter dem Backofengrill karamellisieren. Sofort servieren.

TIPPS

Mit Beeren wird dieses Dessert noch köstlicher.

Falls Sie kein Vanillepulver haben, nehmen Sie stattdessen 1½ Teelöffel Vanillezucker. Dann brauchen Sie nur ½ statt 1 Eßlöffel Zucker. (Für Vanillepulver werden Vanilleschoten fein gemahlen, Vanillezucker wird nur mit Vanille aromatisiert.)

MACARONS

Vor meiner Low-FODMAP-Diät liebte ich Macarons und machte sie gerne selbst. Inzwischen reagiere ich aber sehr empfindlich auf Mandeln, und ich musste eine Lösung finden, um weiter mein Lieblingsgebäck genießen zu können. Im Grunde ist dies das klassische französische Rezept, die Macarons sind wegen des glutenfreien Hafermehls nur ein klein wenig zäher.

FÜR 8–10 STÜCK:

Macarons:
1 Eiweiß
extrafeiner Zucker
Mehl aus glutenfreien Haferflocken
Puderzucker (Mengen der trockenen Zutaten siehe unten)

Füllung:
150 g Butter
2½ EL Puderzucker (nach Geschmack)
225 g lactosefreier Frischkäse
50 g weiße Schokolade, geschmolzen

Da das exakte Mengenverhältnis für Macarons entscheidend ist, müssen Sie zunächst das Eiweiß abwiegen. Für den extrafeinen Zucker den Wert mit 0,8 multiplizieren, für den Puderzucker mit 1,4 und für das Hafermehl mit 1,6. Wiegt das Eiweiß 34 Gramm, brauchen Sie also 27 Gramm extrafeinen Zucker, 47,6 Gramm Puderzucker und 55 Gramm Hafermehl. Das Eiweiß in einer Schüssel steif schlagen, dann mit dem extrafeinen Zucker ca. 5 Minuten schlagen, bis die Masse dick und glänzend ist.

Hafermehl und Puderzucker verrühren und vorsichtig unter die Baisermasse heben. Weder zu viel noch zu wenig rühren! Rühren Sie zu viel, wird der Teig zu fest; rühren Sie zu wenig, wird er zu weich. Perfekt ist er, wenn Sie einen Löffel voll als Häuflein auf Backpapier setzen und dieses auf Berührung nachgibt.

Mit zwei Teelöffeln oder einem Spritzbeutel kleine Häufchen Teig auf ein mit Backpapier ausgelegtes Backblech setzen. Das volle Backblech fest auf die Arbeitsfläche klopfen, damit Luftbläschen entweichen können und die Macarons stabiler werden.

45–60 Minuten trocknen lassen, dadurch wird die Oberfläche fester und platzt beim Backen nicht auf, und die Macarons bekommen die typischen »Füßchen«.

Wenn sie genug getrocknet sind, sollten Sie sie sanft berühren können, ohne dass Teig am Finger kleben bleibt.

Den Backofen auf 150 °C (Gas Stufe 2) vorheizen. Die Macarons auf der mittleren Schiene 7–8 Minuten backen. Sie sollten dabei immer im Auge haben, dass die Backzeit von Ofen zu Ofen variieren kann. Die Macarons auf dem Backpapier abkühlen lassen und dann mit einer Palette vom Papier lösen.

Für die Füllung Butter und Puderzucker vermixen. Frischkäse und Schokolade unterrühren. Etwas Füllung auf die flache Seite eines Macarons streichen und einen zweiten Macaron daraufsetzen.

Anmerkung: Glutenfreies Hafermehl enthält weniger Feuchtigkeit als normales Hafermehl. Wenn Sie Mandeln vertragen, können Sie das glutenfreie Hafermehl sehr gut durch Mandelmehl ersetzen.

TIPPS

Wollen Sie Milchprodukte meiden, können Sie den Frischkäse und die Schokolade durch Kuvertüre ersetzen, die nur eine minimale Menge an Milchpulver enthält.

SCHOKOMOUSSE-KUCHEN

Als ich das letzte Mal in Frankreich war, kaufte ich Auflaufförmchen in Herz- und Quadratform für meine Schokomousse-Küchlein. Sie brauchen aber kein extra Backequipment – eine runde Springform tut es genauso. Dann müssen Sie allerdings die Zutaten für den Boden verdoppeln.

FÜR 1 KUCHEN (20 CM DURCHMESSER) ODER 4 KÜCHLEIN:

Boden:
240 g glutenfreie Minikekse
2 TL Puderzucker
60 g Butter, geschmolzen

Schokomousse:
300 g lactosefreie Sahne
3 Eiweiße
120 g lactosefreie Kuvertüre
3 Eigelbe

Schokoglasur:
75 g lactosefreie Sahne
100 g lactosefreie Kuvertüre

Zum Garnieren:
Puderzucker zum Bestäuben
Erdbeeren, in Scheiben geschnitten

Für den Boden die Kekse zerstoßen und mit dem Puderzucker mischen. Die geschmolzene Butter untermischen. Für einen großen Kuchen die Keksmischung in 1 Springform und für Küchlein in 4 Auflaufförmchen drücken.

Für die Mousse die Sahne und die Eiweiße separat steif schlagen. Die Kuvertüre in Stücke brechen und in eine hitzebeständige Schüssel über einen Topf mit kochendem Wasser geben. Vorsichtig schmelzen – darauf achten, dass kein Wasser an die Schokolade gelangt. Die Eigelbe leicht verquirlen und in die lauwarme Schokolade rühren. Eischnee und danach Schlagsahne unterheben. Die Mousse auf den Kuchenboden gießen und für 1 Stunde in den Kühlschrank stellen.

Für die Glasur die Sahne im Wasserbad erwärmen, vom Herd nehmen und die Kuvertüre in Stücken einrühren, bis sie vollständig geschmolzen ist. Die Mischung auf Zimmerwärme abkühlen lassen und über die Mousse gießen. Den Kuchen für 2–3 Stunden in den Kühlschrank stellen. Mit Puderzucker bestäuben und mit frischen, in Scheiben geschnittenen Erdbeeren garnieren.

SCHOKO-TRAUMKUCHEN

»Kannst du wieder den guten Schokoladenkuchen machen?«, werde ich häufig von Freunden und Angehörigen gebeten. Dabei haben sie dieses Rezept im Sinn, das bei den meisten einfach super ankommt!

FÜR 1 KUCHEN (25 CM DURCHMESSER):

Kuchen:
2 Eier
150 g extrafeiner Zucker
150 g glutenfreies Mehl
2 EL Kakaopulver
1 TL Backpulver
175 g Öl oder Butter, geschmolzen
125 ml Kokosmilch oder lactosefreie Sahne

Schoko-Glasur:
125 ml lactosefreie Sahne
100 g lactosefreie Kuvertüre

Den Backofen auf 180 °C (Gas Stufe 4) vorheizen. Eier und Zucker zusammen glatt mixen. Mehl sowie Kakao- und Backpulver in eine separate Schüssel sieben. Die Mehlmischung in die Eiermischung geben und Öl oder geschmolzene Butter sowie Kokosmilch oder Sahne einrühren.

Eine Springform (25 cm Durchmesser) mit Butter einfetten und den Teig einfüllen. Auf der mittleren Schiene 20–25 Minuten backen. Komplett auskühlen lassen.

Für die Glasur die Sahne in einem kleinen Topf auf niedriger Stufe erhitzen. Vom Herd nehmen und die Schokolade in Stücken einrühren, bis sie vollständig geschmolzen ist. Die Schokomischung auf Zimmerwärme abkühlen lassen, dabei gelegentlich umrühren.

Wenn die Glasur Raumtemperatur hat, vorsichtig über den Kuchen (der sich noch in der Form befindet) gießen. Den Kuchen 1 Stunde abkühlen lassen, ehe Sie ihn aus der Form nehmen.

TIPP

Servieren Sie dazu jeweils 1 Klecks lactosefreie Sahne und Kaffee, wenn Sie ihn vertragen, denn dies ist ein echter »Kaffee-Kuchen«.

SCHOKOMUFFINS

Das Gute sowohl an lactosefreier Sahne als auch an glutenfreien Muffins ist, dass sie sich lange halten. Ich habe sie immer im Haus –und damit alles, was ich für ein schnelles, einfaches Grundrezept für kleine Cremekuchen brauche! Nehmen Sie Marmelade aus Low-FODMAP-Früchten und ohne High-FODMAP-Süßungsmittel und Zusätze mit der Endung »-ol«.

glutenfreie Muffins (1 pro Person)
lactosefreie Milch zum Dippen
Marmelade
Vanillecreme (siehe S. 126) oder lactosefreie Schlagsahne

Schokocreme:
300 g lactosefreie Sahne
125 g Puderzucker
1–1½ EL Kakaopulver

Die Muffins halbieren. Die Milch in eine Schüssel gießen, die Muffins kurz in die Milch tauchen und dann auf Küchenpapier abtropfen lassen. Die Muffinhälften mit Marmelade und Vanillecreme oder Schlagsahne bestreichen und zusammensetzen.

Diese Schokocreme ist so gut und dabei fast schon beschämend einfach zu machen: nur Sahne, Puderzucker und Kakaopulver cremig schlagen. Die Creme auf die Muffins streichen.

TIPP

Die Schoko-Creme kann auf Kuchen und Muffins gestrichen werden, schmeckt aber auch zu Erdbeeren sehr lecker.

ZITRONENMUFFINS

Ob Sie diese kleinen Naschereien nun Cupcakes oder Muffins nennen – lecker sind sie so oder so!

FÜR 12 STÜCK:

115 g Butter
150 g extrafeiner Zucker
2 Eier
60 g lactosefreier Natur- oder Vanillejoghurt
60 g lactosefreie Sahne
4 TL Zitronensaft
Schale von 1 unbehandelten Zitrone
185 g glutenfreies Mehl
1 TL Backpulver

Buttercreme zum Garnieren:
115 g Butter
60 g extrafeiner Zucker
2 TL Zitronensaft

Den Backofen auf 180 °C (Gas Stufe 4) vorheizen. Butter und Zucker gründlich verquirlen. Nacheinander die Eier unterquirlen. Joghurt, Sahne sowie Zitronensaft und -schale verrühren und zur Butter-Eier-Mischung geben. Mehl und Backpulver dazusieben und alles gründlich verrühren.

Den Teig in die Mulden eines Muffinblechs gießen und auf der mittleren Schiene 15–20 Minuten backen.

Für die Buttercreme Butter, Zucker und Zitronensaft cremig schlagen. Falls sie zu dünn ist, etwas Zucker hinzufügen. Die Creme entweder mit einem Spritzbeutel auf die Muffins spritzen oder mit einer Palette daraufstreichen.

TIPPS

Den Zitronensaft können Sie durch Orangensaft ersetzen.

Falls die Muffins als Proviant für unterwegs dienen sollen, die Buttercreme als Füllung statt als Garnierung verwenden: einfach die Muffins aufschneiden und mit der Creme füllen. Luftdicht verschlossen halten sich die Muffins 3–4 Tage.

KAROTTEN-CUPCAKES

Das erste Mal probierte ich Karottenkuchen vor 20 Jahren in der Schule. Er wurde schnell zu meinem Lieblingskuchen – er ist leicht zu machen, schmeckt himmlisch und ist natürlich low-FODMAP. In diesem Rezept mache ich aus dem Teig Cupcakes.

FÜR 10–12 STÜCK:

2 Eier
250 g extrafeiner Zucker
225 g glutenfreies Mehl
1 TL Backsoda
1½ TL Zimtpulver
75 ml geschmacksneutrales Öl
85 g Karotte, geraspelt

Frischkäsebelag:
75 g Butter
60g lactosefreier Frischkäse
30 g Puderzucker

Den Backofen auf 200 °C (Gas Stufe 6) vorheizen. Eier und Zucker verschlagen und Mehl, Backsoda und Zimt einrühren. Öl und Karotte gründlich untermischen. Den Teig 5–10 Minuten ruhen lassen und dann in Cupcake-Formen füllen.

Die Cupcakes auf der mittleren Schiene 10–13 Minuten backen.

Für den Belag Butter, Frischkäse und Zucker cremig schlagen und auf die abgekühlten Cupcakes spritzen oder streichen.

TIPPS

Sie können im Belag den Frischkäse auch weglassen und aus lactosefreier Butter und Zucker einen Belag herstellen.

Für einen Kuchen statt Cupcakes verdoppeln Sie alle Zutatenmengen und backen den Kuchen in einer Springform (25 cm Durchmesser) 25–30 Minuten.

HAFER-BUTTERKEKSE

Zwar sind diese Kekse nicht durch und durch gesund, aber wegen des Hafermehls sättigender als normale Butterkekse. Sie sind hauchdünn, knusprig –und eine grandiose Leckerei.

FÜR 9 KEKSE:

40 g Butter
50 g extrafeiner Zucker
25 g Hafermehl
1 EL glutenfreies Mehl
½ TL Backsoda

Den Backofen auf 180 °C (Gas Stufe 4) vorheizen. Die Butter schmelzen und mit allen anderen Zutaten verrühren. Ein Backblech mit Backpapier belegen und den Keksteig löffelweise daraufsetzen. Beachten Sie, dass die Kekse beim Backen aufgehen, und lassen Sie genügend Abstand dazwischen.

Die Kekse auf der mittleren Schiene 6–7 Minuten backen. Gegen Ende der Backzeit nicht aus den Augen lassen, weil sie urplötzlich fertig sind!

TIPP

Wenn Sie eine Low-FODMAP-Diät machen und nicht an Zöliakie leiden, können Sie auch normale Haferflocken verwenden (siehe S. 11).

SCHOKO-ERDBEEREN MIT SCHLAGSAHNE

Die Säure der Erdbeeren in Kombination mit der süßen Schokolade macht dieses Dessert absolut perfekt!

FÜR 3–4 PERSONEN:

300 g ganze, frische Erdbeeren
200 g Pflanzenfett
125 g lactosefreie Kuvertüre
300 g lactosefreie Schlagsahne

Die Erdbeeren samt Grün waschen und gut abtrocknen.

Das Pflanzenfett in einem kleinen Topf bei niedriger Hitze schmelzen. Vom Herd nehmen und die Schokolade in kleinen Stücken einrühren und schmelzen lassen. Wichtig ist, die Schokolade nicht auf der Herdplatte zu schmelzen, sonst wird sie grießig. Rühren, bis die Schokolade vollständig geschmolzen ist und sich mit dem Fett verbunden hat. Dann unter gelegentlichem Rühren auf Zimmertemperatur abkühlen lassen. Sobald die Schokolade ausreichend abgekühlt ist, dickt die Glasur an.

Die Erdbeeren nacheinander in die Schokolade tauchen und auf ein mit Backpapier ausgelegtes Backblech legen. Die Glasur im Kühlschrank fest werden lassen.

Mit aufgeschlagener lactosefreier Sahne servieren.

TIPPS

Die Schoko-Erdbeeren eignen sich super als Kuchendekoration – oder mit einem Glas Champagner als dekadente Leckerei.

Obwohl Erdbeeren low-FODMAP sind, reagieren manche auf die enthaltene Säure. Finden Sie selbst heraus, wie viele Sie vertragen können.

KARAMELLKUCHEN MIT HAFERKRUSTE

Dieser Kuchen sieht vielleicht nicht sehr edel aus, er schmeckt aber köstlich – vor allem mit etwas lactosefreier Schlagsahne!

FÜR 1 STÜCK (25 CM DURCHMESSER):

Kuchen:
150 g Butter, plus etwas zum Einfetten
2 Eier
150 g extrafeiner Zucker
150 g glutenfreies Mehl
½ TL Backpulver
80 g lactosefreie Sahne

Belag:
70 g Butter
150 g extrafeiner Zucker
1¼ EL glutenfreies Mehl
1¼ EL lactosefreie Milch
25 g Haferflocken

Den Backofen auf 180 °C (Gas Stufe 4) vorheizen. Die Butter schmelzen. Eier und Zucker in einer Schüssel verquirlen. Mehl mit Backpulver dazusieben und unterrühren. Butter und Sahne hinzufügen und alles glatt mixen. Eine Kuchenform (25 cm Durchmesser) mit Butter einfetten und den Teig hineingießen. Auf der unteren Schiene 20 Minuten backen.

Für den Belag in einem Topf alle Zutaten vermischen, sanft erwärmen (keinesfalls kochen lassen) und nach 20 Minuten Backzeit über den Kuchen gießen. Falls die Mischung anfangs nicht gleichmäßig verteilt ist, macht das nichts, denn sie verläuft während des Backens. Den Kuchen weitere 15 Minuten backen, bis der Belag geschmolzen ist.

TIPPS

Wenn Sie Mandeln vertragen, können Sie statt der Haferflocken ca. 35 Gramm Mandeln nehmen.

Den Kuchen können Sie auch ohne Belag in einer Kastenform backen.

BLAUBEER-CRUMBLE

Mein Mann behauptet, er könnte diesen Low-FODMAP-Blaubeer-Crumble jeden Tag essen – dabei ist er auf Kuchen und Desserts sonst gar nicht so erpicht!

FÜR 1 GROSSE AUFLAUFFORM BZW. 12 PERSONEN:

Crumble-Teig:
100 g extrafeiner Zucker
275 g glutenfreies Mehl
115 g Butter
90 g lactosefreie Sahne

Füllung:
290 g frische oder tiefgekühlte Blaubeeren
1½ TL extrafeiner Zucker

Den Backofen auf 200 °C (Gas Stufe 6) vorheizen. In einer Schüssel Zucker und Mehl vermischen. Die Butter in Stückchen dazugeben und die Sahne angießen. Leicht verrühren und die Mischung mit den Fingerspitzen verkrümeln, bis sie groben Brotkrumen ähnelt. Der Teig sollte körnig sein, aber gut zusammenhalten.

Etwa die Hälfte des Crumble-Teigs in eine Obstkuchenform (20 cm Durchmesser) geben. Die Blaubeeren darauf verteilen, mit Zucker bestreuen und den restlichen Teig daraufgeben. Auf der mittleren Schiene 30–40 Minuten backen.

TIPPS

Den Crumble können Sie am Vortag machen und vor dem Servieren bei 150 °C (Gas Stufe 2) ca. 10 Minuten aufwärmen.

Reichen Sie dazu lactosefreie Eiscreme, lactosefreie Schlagsahne mit Vanillezucker oder Vanillecreme (siehe S. 126).

Sie können den Crumble auch mit anderen Beeren oder Früchten belegen, die Sie mögen und vertragen.

6

SAUCEN & DRESSINGS

Leckere Saucen und Dressings verleihen Ihren Gerichten zusätzlichen Geschmack. Die Senfsauce schmeckt hervorragend zu Huhn und Fisch, während die Rotweinsauce der perfekte Begleiter zu Steaks ist.

CREMESAUCE

Manch einer, der sich glutenfrei ernährt, dickt Saucen mit Maisstärke an, ich bevorzuge hingegen gemahlenen Reis. Damit bekommen die Saucen eine ähnlich samtige Konsistenz wie mit Weizenmehl.

FÜR 2–3 PERSONEN:

60 g Butter
2 EL gemahlener Reis
475 ml lactosefreie Milch
Salz

In einem kleinen Topf bei mittlerer Hitze die Butter schmelzen und den gemahlenen Reis dazugeben. Unter ständigem Quirlen die Milch angießen. Die Sauce 10 Minuten köcheln lassen, dabei weiterhin kontinuierlich quirlen. Falls die Sauce zu dick wird, etwas Milch hinzufügen. Mit Salz abschmecken.

SENFSAUCE

Diese Sauce passt perfekt zu Hähnchen- und Fischgerichten.

FÜR 2–3 PERSONEN:

Cremesauce (siehe oben), aber mit 600 ml lactosefreier Milch
1½ EL körniger Senf
10–15 g Petersilie, fein gehackt
1 EL Weißweinessig

Die Cremesauce zubereiten. Senf, Petersilie und Essig dazugeben und 1 Minute sanft köcheln lassen. Vom Herd nehmen und servieren.

BÉCHAMELSAUCE

Diese dicke, weiße Käsesauce kann für Lasagne, Nudeln Carbonara oder Fisch verwendet werden.

FÜR 2–3 PERSONEN:

75 g Butter
40 g gemahlener Reis
800–850 ml lactosefreie Milch
100 g Gouda oder Emmentaler, gerieben
Salz und Pfeffer

In einem Topf bei mittlerer Hitze die Butter schmelzen. Unter ständigem Quirlen den gemahlenen Reis hinzufügen.

Nach und nach unter Rühren 800 Milliliter Milch angießen und aufkochen lassen. Da gemahlener Reis etwas länger braucht, um einzudicken, als Weizenmehl, die Sauce bei niedriger Hitze 10–12 Minuten unter ständigem Rühren köcheln lassen.

Wird die Sauce zu dick, etwas Milch angießen. Dann den Käse einrühren und schmelzen lassen. Mit Salz und Pfeffer abschmecken.

CREMIGES KETCHUP

Diese Würzsauce passt großartig zu Fischgerichen.

FÜR 2–3 PERSONEN:

Cremesauce (siehe S. 152)
1 EL Ketchup

Die Cremesauce wie beschrieben zubereiten und das Ketchup in die fertige Sauce einrühren.

BRAUNE SAUCE

Diese Sauce schmeckt besonders gut zu kaltem Braten und zu Hackfleischbällchen.

FÜR 3–4 PERSONEN:

17,5 g Butter
2 EL gemahlener Reis
600 ml Wasser, Brühe oder Bouillon (ohne Zwiebeln)
Lebensmittelfarbe (Karamell)
lactosefreie Sahne (optional)
1 Prise Pfeffer
1 Prise Cayennepfeffer
1 Prise Salz

In einem Topf bei mittlerer Hitze die Butter schmelzen. Den gemahlenen Reis dazugeben und unter Rühren etwas bräunen lassen. Wasser, Brühe oder Bouillon angießen und unter ständigem Rühren aufkochen lassen. Ein paar Tropfen Lebensmittelfarbe hinzufügen und die Mischung 5–10 Minuten köcheln lassen. Vom Herd nehmen, nach Belieben etwas Sahne einrühren und mit Pfeffer, Cayennepfeffer und Salz abschmecken.

Wenn Sie Wasser oder milde Brühe verwenden, können Sie die Sauce mit etwas mehr Salz würzen. Ist die Sauce zu dick, noch etwas Wasser angießen. Ist sie zu dünnflüssig, etwas gemahlenen Reis in wenig kaltes Wasser einrühren und diese Mischung unter ständigem Rühren in die Sauce geben (dabei aber nicht kochen lassen).

ROTWEINSAUCE

Rotweinsauce ohne Zwiebeln – das klingt erst einmal gewöhnungsbedürftig. Aber ich garantiere Ihnen: Diese Sauce ist sehr schmackhaft. Sie passt exzellent zu Steaks und anderen Rindfleischgerichten.

FÜR 2–3 PERSONEN:

1 Karotte
2 Frühlingszwiebeln (nur der grüne Teil)
15 g Butter
1 TL Tomatenmark
2 TL Balsamicocreme (siehe S. 164)
1 frischer Thymianzweig
175 ml Rotwein
175 ml Brühe oder Bouillon (ohne Zwiebeln)
Salz und Pfeffer nach Geschmack
1 Prise Zucker

Die Karotten schälen und hacken, das Frühlingszwiebelgrün ebenfalls hacken und beides in einem Topf mit der Butter ca. 1 Minute anbraten. Tomatenmark, Balsamicocreme und Thymian unterrühren. Unter ständigem Rühren den Rotwein und schließlich Brühe oder Bouillon angießen. Zum Kochen bringen und 5–10 Minuten köcheln lassen. Die Sauce durch ein Sieb in eine Schüssel gießen.

Die Sauce wieder in den Topf geben und bei mittlerer Hitze (die Flüssigkeit sollte etwas verdampfen) unter Rühren eindicken lassen. Mit Salz und Pfeffer abschmecken und etwas Zucker hinzufügen (ist eventuell nicht erforderlich, weil die Balsamicocreme bereits Zucker enthält).

TIPP

Wenn Sie in Eile sind, können Sie die Sauce mit 1 Teelöffel gemahlenem Reis, mit etwas Wasser verrührt, andicken, statt die Sauce ein zweites Mal zu kochen. Vom Herd nehmen und die Reismehlmischung unter ständigem Rühren in die Sauce gießen. Unter Rühren 5 Minuten köcheln lassen.

TOMATENSAUCE

Diese Tomatensauce passt sehr gut zu Rinderhackfleisch in Bolognese-Sauce und zu Chili con Carne, ist aber auch für Pizza und Pasta perfekt!

FÜR 3–4 PERSONEN:

1 EL Öl
2 Karotten, geraspelt
2 EL Tomatenmark
1 Dose Tomaten in Stücken (400 g)
100 ml Wasser
1–2 EL getrocknete Kräuter, z. B. Oregano, Thymian, Rosmarin, Basilikum
½ TL Zucker
1 TL Balsamicocreme (siehe S. 164) oder ½ TL Balsamico- oder Weißweinessig mit ½ TL Zucker
Salz und Pfeffer
1 Prise Chilipulver

In einem Topf das Öl erhitzen und die geraspelten Karotten darin bei mittlerer Hitze 2–3 Minuten braten. Tomatenmark, Tomaten und Wasser dazugeben und ein paar Minuten köcheln lassen.

Mit Kräutern, Zucker, Balsamicocreme, Salz, Pfeffer und Chilipulver abschmecken und weitere 10 Minuten köcheln lassen.

TIPP

Die Karotten verleihen der Sauce Konsistenz. Geben Sie also nach Wunsch ruhig mehr dazu.

GRILLSAUCE

Ja, Sie können Ihre eigene Grillsauce ohne Zwiebeln und Knoblauch machen – und sie ist wirklich gut! Ich reiche sie zu Fleisch, Hähnchen und Garnelen.

FÜR 2–3 PERSONEN:

100 g Low-FODMAP-Ketchup (ohne Knoblauch, Zwiebeln und fructosereichem Maissirup)
4 EL Balsamicocreme (siehe S. 164)
4 EL Olivenöl
3 TL Sojasauce
1 TL Salz
1 TL Pfeffer
1 TL Chilipulver oder getrocknete Chiliflocken (ich bevorzuge wegen ihrer Textur Letztere)
1 TL Cayennepfeffer
1 TL Ingwerpulver
1 TL Sesamöl

Ich nehme für dieses Rezept lieber Balsamicocreme als -essig, weil sie der Sauce ihre Konsistenz und ihren süß-sauren Geschmack verleiht. Geben Sie so viel Salz, Pfeffer und andere Gewürze dazu wie Sie mögen. Paprikapulver, Schnittlauch, Rosmarin, Currypulver, Kreuzkümmel, Oregano und Thymian sind nur ein paar der Gewürze und Kräuter, die Sie hier verwenden können – neben oder anstelle der oben erwähnten. Einfach ein paar dazugeben und probieren.

Alle Zutaten in einer Schüssel vermischen. Sofort verwenden oder in einem Glas mit Deckel aufbewahren. Im Kühlschrank hält sich die Sauce 1–2 Wochen.

TIPPS

Statt Olivenöl können Sie mit Knoblauch aromatisiertes Öl (siehe S. 17) nehmen, das den ganzen Geschmack des Knoblauchs enthält, aber keine Fructane.

Variieren Sie die Sauce je nach Kräuterangebot. Italienische Version: Geben Sie 1 Teelöffel gehackten Rosmarin sowie jeweils 1 Esslöffel gehackten Oregano und Thymian dazu.

MAYONNAISE

In Restaurants bestelle ich nichts mit Sauce, weil ich Angst vor Zwiebeln und Knoblauch habe. Zu Hause jedoch ist es einfach, gute Saucen und Dressings ohne diese Zutaten herzustellen – etwa diese cremige Mayonnaise.

FÜR 2 PERSONEN:

1 Eigelb
½ TL Senf oder 1 TL Weißweinessig
jeweils 1 Prise Salz und weißer Pfeffer
¼ TL Zucker
4 EL Maiskeim- oder Sonnenblumenöl
4 EL Olivenöl

Eigelb, Senf oder Essig, Salz, Pfeffer und Zucker in einer Schüssel verquirlen. Unter ständigem Quirlen das Öl in einem dünnen Strahl dazugießen. Unbedingt so lange quirlen, bis die Mayonnaise emulgiert und dick-cremig ist.

TIPPS

Sie können jedes neutral schmeckende Öl verwenden – Sonnenblumen-, Maiskeim- und Rapsöl eignen sich gut und können das Olivenöl ersetzen.

Die Säure im Senf bzw. im Essig bringt den Geschmack in der Mayonnaise zur Geltung und verhindert, dass sie zu süßlich wird. Dafür können Sie nach Belieben auch Zitronensaft nehmen.

Für eine Aioli-ähnliche Mayonnaise etwas fein gehacktes Frühlingszwiebelgrün oder Schnittlauch einrühren.

Für eine Remoulade ca. 3 Esslöffel fein gehackte Gewürzgurken und etwas weißen Pfeffer dazugeben.

SAUERRAHMDRESSING

Ich liebe Salat, aber nur wenn ich ein leckeres Dressing darüberträufeln kann! Nehmen Sie dieses Rezept als Basis und wandeln Sie es mit beliebigen Gewürzen, die Sie vertragen, ab. Dieses Dressing ist perfekt als Salatsauce und als Dip.

FÜR 2 PERSONEN:

185 g lactosefreie saure Sahne oder lactosefreier Naturjoghurt
3–3½ EL Ketchup
1 TL Balsamicocreme (siehe S. 164)
115 g Hüttenkäse (falls Sie ihn weglassen, etwas weniger Ketchup nehmen)
jeweils 1 Prise Salz und Pfeffer sowie Cayennepfeffer oder Chilipulver

Die saure Sahne oder den Joghurt mit den übrigen Zutaten verrühren. Falls Sie Hüttenkäse dazugeben, das Dressing mit dem Pürierstab glatt pürieren, sodass keine Klümpchen mehr zu sehen sind.

TIPPS

100 Gramm Hüttenkäse enthalten 1,4 Gramm Lactose. Das ist sehr wenig, wenn man bedenkt, dass Sie hier nur gut 50 Gramm zu sich nehmen. Die meisten Menschen sollten diese Menge an Lactose gut vertragen können.

Zum Würzen eignen sich auch Currypulver, Oregano und Paprikapulver. Nehmen Sie einfach Ihre Lieblingskräuter und -gewürze.

BASILIKUMPESTO

Pesto passt zu allem und kann mit Nudeln oder als Brot-Dip serviert werden. Sie können es auch anstelle von Butter in Sandwiches oder als Dressing verwenden. Wenn Sie Frühlingszwiebel- oder Lauchgrün nicht vertragen, lassen Sie es weg.

FÜR 2 PERSONEN:

½ EL Pinienkerne
2 EL frisches Basilikum
5 ml Olivenöl
Frühlingszwiebeln oder Lauch, gehackt (nur grüne Teile), oder Schnittlauch
2 EL Parmesan, gerieben

Pinienkerne und Basilikum mit dem Öl im Mixer pürieren. Frühlingszwiebeln, Lauch oder Schnittlauch dazugeben und noch ein paar Sekunden mixen. Den geriebenen Parmesan unterrühren.

BALSAMICOCREME

Diese dicke Balsamicocreme hat so viel mehr Aroma als gewöhnlicher Balsamicoessig und ist doch so leicht selbst herzustellen!

FÜR 2 PERSONEN:

125 ml Balsamicoessig
1–1½ EL brauner Zucker
1 Prise Salz

Balsamicoessig und Zucker in einer beschichteten Pfanne bei mittlerer bis hoher Hitze verrühren. Unter ständigem Rühren aufkochen lassen. Das Salz hinzufügen, die Hitze reduzieren und unter Rühren 10–15 Minuten köcheln lassen, bis der Essig zur Hälfte eingekocht ist. Vorsicht, die Glasur brennt leicht an! Abkühlen lassen und in einem Glas mit Deckel oder einem Einmachglas aufbewahren.

CREMIGES KRÄUTER-DRESSING

Diese sehr einfache, aber delikate Salatsauce ist eine exzellente Alternative zu Ranch- oder Cesar-Dressing!

FÜR 1 PERSON:

1 EL lactosefreie saure Sahne oder lactosefreier Naturjoghurt
1 EL Balsamicocreme (siehe S. 164)
4 EL Olivenöll
1 Prise Ingwer, gerieben
Salz und Pfeffer
Chilipulver
getrocknetes Basilikum oder Kräuter der Provence
etwas Parmesan, gerieben

Die saure Sahne oder den Joghurt in einer kleinen Schüssel mit der Balsamicocreme verrühren. Unter ständigem Rühren das Olivenöl dazugeben. Die restlichen Zutaten einrühren und das Dressing abschmecken.

TIPP

Falls Sie keine lactosefreie saure Sahne haben oder gar keine Milchprodukte verwenden wollen, können Sie einfach ein Essig-Öl-Dressing ohne saure Sahne oder Joghurt machen.

LOW-FODMAP-PRODUKTE

Die hier aufgeführten Nahrungsmittel sind arm an fermentierbaren Oligo-, Di- und Monosacchariden sowie Polyolen und sollten keine Magen-Darm-Probleme hervorrufen. Die Low-FODMAP-Liste wird jedoch ständig aktualisiert, da immer mehr Produkte geprüft werden. Diese Liste ist sozusagen nur eine Momentaufnahme zur Zeit der Publikation. Auf Seite 172 finden Sie Links und nützliche Apps mit aktuellen Informationen.

GEMÜSE UND HÜLSENFRÜCHTE

Alfalfa
Amaranth
Auberginen
Bambussprossen
Blattsalate:
  Eisbergsalat
  Kopfsalat
  Lollo Rosso
  Radicchio
  Rucola
Bohnensprossen
Brokkoli – 35 g
Butternut-Kürbis – 35 g
Chayote
Chicoreeblätter
Chilipulver / Chilischoten – falls verträglich
Choy sum (Chinesischer Blütenkohl)
Fenchel
Frühkohl
Frühlingszwiebeln (nur der grüne Teil)
Gewürzgurken
Grüne Bohnen
Grüne Paprikaschoten
Grünkohl
Ingwer
Karotte
Kartoffeln
Kichererbsen – 40 g
Knollensellerie
Kohl, weiß und rot – 70 g
Kohlrüben
Kürbis
Kürbis, eingelegt – 60 g
Lauch (nur der grüne Teil)
Linsen – kleine Mengen
Mais – falls verträglich und nur kleine Mengen – 1/2 Kolben
Mangold
Meeresalgen
Okra
Oliven
Pak Choy
Pastinake
Rettich
Rosenkohl – 1 Portion à 2 Stück
Rote Paprikaschoten
Salatgurke
Schnittlauch
Spaghettikürbis
Spinat, Babyspinat
Stangensellerie – bis zu 5 cm
Steckrüben
Süßkartoffeln – 65 g
Tomaten, normale, Kirsch-, Eier- und Dosentomaten
Tomaten, sonnengetrocknet – 4 Stück
Wasserkastanien
Zucchini
Zuckererbsen – 5 Schoten

FRÜCHTE

Akee
Ananas
Bananen – unreif und fest (gelb, keine Flecken)
Blaubeeren
Brotfrucht
Cantaloupe-Melone
Clementine
Cranberrys
Drachenfrucht (Pitaya)
Erdbeeren
Guave, reif
Himbeeren
Honig- und Galiamelone
Karambole (Sternfrucht)
Kiwi
Kochbanane, geschält
Limette, Limettensaft
Orange, Mandarine
Papaya
Passionsfrucht
Rhabarber
Tamarinde
Tangelo
Weintrauben
Zitrone, Zitronensaft

FLEISCH, GEFLÜGEL UND FLEISCHERSATZ

Huhn
Kalter Braten, z. B. Putenbrust
Lamm
Prosciutto und Serrano-Schinken
Pute
Rind
Schwein

FISCH UND MEERESFRÜCHTE

Thunfisch, Dose

Frischer Fisch, z. B.
- Forelle
- Kabeljau
- Lachs
- Schellfisch
- Scholle
- Thunfisch

Meeresfrüchte
- Auster
- Garnele
- Hummer
- Krabbe
- Miesmuscheln

CEREALIEN, GETREIDE, BROTE, NUDELN UND NÜSSE

Cerealien
- Buchweizen
- Buchweizenmehl
- Buchweizennudeln
- Cornflakes – 15 g
- Haferbrei – 115 g
- Haferflocken und Hafer-Cerealien

Getreide
- Brauner Reis / Vollkornreis
- Bulgur – 45 g gekocht
- Hirse
- Kartoffelmehl
- Maismehl
- Polenta
- Popcorn
- Quinoa
- Sorghum
- Stärke, Mais-, Kartoffel- und Cassava-
- Tortillachips / Maischips

Brote

- Cracker, einfach
- Dinkel-Sauerteigbrot
- Glutenfreies Brot
- Haferbrot
- Haferkuchen
- Kartoffelmehlbrot
- Maisbrot
- Maiskuchen
- Maistortillas – 3 Stück
- Reisbrot
- Salzbrezeln
- Weizenbrot – 1 Scheibe
- Weizenfreies Brot

Nudeln

- Weizennudeln – bis zu 70 g, gekocht
- Weizen- oder glutenfreie Nudeln

Nüsse

- Erdnüsse
- Gemischte Nüsse
- Haselnüsse – bis zu 15 Stück
- Kastanien
- Kokosnuss – Milch, Creme, Fleisch
- Macadamianüsse
- Mandeln – bis zu 15 Stück
- Paranüsse
- Pekannüsse – bis zu 15 Stück
- Pinienkerne – bis zu 15 Stück
- Walnüsse

Reis

- Basmatireis
- Brauner Reis
- Gemahlener Reis
- Reis-Krispies®
- Reiscracker
- Reisflocken
- Reiskleie
- Reiskuchen
- Reisnudeln
- Weißer Reis

Samen

- Chiasamen
- Mohn
- Kürbiskerne
- Sesamsamen
- Sonnenblumenkerne

WÜRZMITTEL, SÜSSIGKEITEN, SÜSSUNGSMITTEL UND AUFSTRICHE

Würzmittel

- Apfelessig – 2 EL
- Austernsauce
- Balsamicoessig – 2 EL
- Chutney – 1 EL
- Fischsauce
- Garnelenpaste
- Grillsauce
- Kapern, gesalzen
- Kapern in Essig
- Ketchup – bis zu 1 EL
- Knoblauchöl
- Mayonnaise – ohne Zwiebel und Knoblauch
- Misopaste
- Pesto – bis zu 1 EL
- Reisweinessig
- Senf
- Sojasauce
- Süßsaure Sauce
- Tamarindenpaste
- Wasabi
- Worcestershiresauce

Süßigkeiten

- Dunkle Schokolade
- Milchschokolade –3 Stückchen
- Weiße Schokolade – 3 Stückchen

Süßungsmittel

- Acesulfam K
- Ahornsirup
- Aspartam
- Glucosesirup
- Reismalzsirup
- Saccharin
- Stevia
- Sucralose
- Zuckersirup
- Zucker – Sucrose

Aufstriche

- Erdbeermarmelade
- Erdnussbutter
- Orangenmarmelade

GETRÄNKE UND EIWEISSPULVER

Alkohol – reizt Magen und Darm, deshalb nur in Maßen genießen:

- Bier – höchstens 1 Glas
- Klare Spirituosen wie Wodka und Gin – höchstens 1 Glas (30 ml)
- Wein – höchstens 1 Glas
- Whiskey – höchstens 1 Glas (30 ml)

Kaffee

- Espresso, mit / ohne Koffein, schwarz oder mit bis zu 250 ml lactosefreier Milch
- Löslicher Kaffee, mit / ohne Koffein, schwarz oder mit bis zu 250 ml lactosefreier Milch

Eiweißpulver:

- Erbsenprotein – bis zu 40 g
- Hühnereiweiß
- Reisprotein
- Sacha Inchi-Protein
- Weizenprotein, Konzentrat
- Sojamilch aus Sojaprotein

Softdrinks:

- Trinkschokolade, Pulver
- Fruchtsaft – 125 ml, nur sichere Früchte
- Limonade – in geringen Mengen
- Gemalztes Kakaopulver – 3 TL
- Zuckerfreie Softdrinks – geringe Mengen, Aspartam und Acesulfam können reizen
- Zuckerhaltige Softdrinks die keinen fructosereichen Maissirup enthalten, z. B. Limonade und Cola – geringe Mengen, da diese Getränke generell ungesund sind und den Darm irritieren können

Tee

- Chai Tee, schwach
- Früchte- und Kräutertee, schwach – ohne Äpfel
- Grüner Tee
- Pfefferminztee
- Schwarzer Tee, schwach
- Weißer Tee

MILCHPRODUKTE UND EIER

Butter

Joghurt, lactosefrei
Joghurt, griechischer, kleine Mengen
Joghurt, Ziegenmilch-

Käse

- Brie
- Camembert
- Cheddar
- Hüttenkäse
- Feta
- Ziegenkäse
- Mozzarella
- Parmesan
- Ricotta – 2 EL
- Schweizer Käse, z. B. Emmentaler

Schokoladenpudding, lactosefrei
Eier

Milch
- Hafermilch – 2 EL
- Hanfmilch
- Lactosefreie Milch
- Mandelmilch
- Reismilch – bis zu 175 ml
- Sojamilch

Saure Sahne, lactosefrei
Schlagsahne, lactosefrei
Sojaprotein (Sojabohnen meiden)
Sorbet
Tempeh (ist low-FODMAP, obwohl aus Sojabohnen gemacht)
Tofu – getrocknete und feste Sorten (kein weicher Tofu oder Seidentofu)

KRÄUTER UND GEWÜRZE, KOCH- UND BACKZUTATEN

Kräuter
Basilikum, Bockshornklee, Curryblätter, Estragon, Koriander, Minze, Oregano, Petersilie, Rosmarin, Thymian, Zitronengras

Gewürze
Chilipulver (ohne Knoblauch!), chinesische Fünf-Gewürze-Mischung, Currypulver, Fenchelsamen, Gewürznelken, Kardamom, Kreuzkümmel, Kurkuma, Muskatnuss, Paprikapulver, Piment, Safran, schwarzer Pfeffer, Senfsamen, Sternanis, Zimt

Öle
Avocadoöl, Erdnussöl, Kokosöl, Olivenöl, Pflanzenöl, Rapsöl, Reiskleieöl, Sesamöl, Sonnenblumenöl

Asantpulver – sehr guter Ersatz für Zwiebeln
Backpulver
Backsoda
Gelatine
Ghee
Kakaopulver
Margarine
Puderzucker
Sahne – 120 g
Salz
Schweineschmalz

WEITERE INFORMATIONEN

Monash University
www.med.monash.edu/cecs/gastro/fodmap/
Informationen über die FODMAP-Diät und Details über die Monash-FODMAP-App für iPhone und Android.

King's College London and the Guy's and St Thomas' NHS Trust
www.kcl.ac.uk/lsm/research/divisions/dns/projects/fodmaps/faq.aspx
King's College London and the Guy's and St Thomas' NHS Trust ist Großbritanniens führendes Zentrum für die Forschung über RDS und die Low-FODMAP-Diät.

FoodMaestro Food App
http://www.foodmaestro.me/food-app/
Die zusammen mit dem King's College London and the Guy's & St Thomas' NHS Trust entwickelte FODMAP-App von FM ist für iPhone und Android erhältlich und listet geeignete Nahrungsmittel auf. Die App hat auch einen Barcode-Scanner, um Produkte im Supermarkt zu checken, und eine Funktion, mit der Sie Ihre Magen-Darm-Symptome aufzeichnen können.

The IBS Network
www.theibsnetwork.org
The IBS Network, die britische Stiftung für RDS, bietet Informationen, Unterstützung und Tipps für RDS-Patienten und arbeitet mit Ärzten zusammen, um bessere Behandlungsmethoden zu finden.

ALLERGIEPÄSSE, AUSWEISE BEI LEBENSMITTELUNVERTRÄGLICHKEIT

Vorlagen für Allergiepässe findet man im Internet unter verschiedenen Adressen. **Einen Allergiepass sollte jedoch der behandelnde Arzt oder Allergologe ausfüllen.**

Deutscher Allergie- und Asthmabund e.V.
http://www.daab.de/ernaehrung/
Für Lebensmittelallergiker gibt es ergänzend zum (vom Arzt ausgestellten) Allergiepass die »Restaurantkarte des Deutschen Allergie- und Asthmabundes e. V. (Daab)« kostenlos für Mitglieder des Vereins.

Bei Reisen ins nicht-deutschsprachige Ausland sollte der vorhandene Allergiepass durch einen internationalen Allergiepass ergänzt werden. Hier können Sie sich den internationalen Allergiepass kostenpflichtig online in der Sprache Ihrer Wahl erstellen lassen: http://medilang.info/ausweis/

REGISTER

Über die Autorin

Die in Bergen, Norwegen, geborene Cecilie Hauge Ågotnes entdeckte das an der Monash University im australischen Melbourne entwickelte Low-FODMAP-Programm für sich, da sie an RDS und an anderen chronischen Krankheiten litt. In ihrem Blog www.lowfodmapblog.com dokumentiert sie, wie es ihr geht, und hält auf Konferenzen und vor Klinikpatienten Vorträge über die Low-FODMAP-Diät und wie man mit RDS leben kann. Als sehr gute Köchin entwickelt sie Rezepte, die lecker schmecken und doch so FODMAP-arm wie möglich sind.

Danke!

Dem Team bei Elwin Street Productions: Ohne euch gäbe es keine englische Übersetzung! Frode, meinem Lektor bei Vigmostad & Bjørke: Danke, dass du immer für mich da bist! Meinem früheren norwegischen Herausgeber Aschehoug: Danke für den Glauben an mich und dieses Buch!

Christin: Dieses Buch wäre nicht das Gleiche ohne deine Fotografien. Danke für eine fabelhafte Zusammenarbeit, viel Lachen und wunderbare Bilder!

Janne-Celin von Janne-Celin Makeup and Styling: Danke für deine Hilfe bei meinem Make-up und Styling! Mich von dir schminken und schick machen zu lassen, war eine ganz neue Erfahrung, die ich gerne wiederhole! Erik von Glass Thomsen: Danke, dass du mir ohne Zögern die Töpfe und Pfannen für die Bilder geliehen hast. Nordnes Verksteder: Danke für das Interesse an der Produktion von Low-FODMAP-Büchern! Ich freue mich auf die weitere Zusammenarbeit. Meine gute Freundin und das Model im Buch, Elisabet von Kolbrun Retorikk: Danke für gute Gespräche, Hilfe bei Fotos und Texten und deinen ewigen Optimismus!

Siv Unni, Tone Yvonne und Hege – die weltbesten Freundinnen! Was würde ich ohne euch nur tun?

Mum und Dad und meinen großen Brüdern Lars-Erik und Harald: Ohne euch wäre ich nicht die, die ich heute bin! Joachim, bester Sohn der Welt: Danke für deine konstruktive Kritik und dafür, dass du immer ehrlich und an den vielen Projekten deiner Mutter interessiert bist!

Zu guter Letzt, Thomas, meinem Ehemann und liebsten und engsten Freund, seit wir 16 Jahre jung waren: Danke, dass du immer an mich glaubst und mich durch dick und dünn begleitest. Ich liebe dich!

Andere Freunde und Angehörige: Tausend Dank! Jeder sollte Cheerleader wie euch haben!